AF550619

CHRISTA ZHANG

Die leckersten Rezepte im Einklang mit
der traditionellen chinesischen Medizin
für jeden Geschmack und Anlass

Alle Ratschläge in diesem Buch wurden vom Autor und vom Verlag sorgfältig erwogen und geprüft. Eine Garantie kann dennoch nicht übernommen werden. Eine Haftung des Autors beziehungsweise des Verlags für jegliche Personen-, Sach- und Vermögensschäden ist daher ausgeschlossen.

Email: info@edition-lunerion.de
www.edition-lunerion.de

Psiana eCom UG
Berumer Str. 44
26844 Jemgum

Vorwort

Sie möchten sich gerne rundum gesund ernähren und Ihrem Körper jederzeit genau das bieten, was er gerade braucht? Das finden Sie zwischen allerhand Diäten und Ernährungstrends aber gar nicht so einfach? Dann versuchen Sie's doch mal mit Genuss nach der Lehre der TCM – und wie das geht, zeigt Ihnen dieses Kochbuch!

Bei Traditioneller Chinesischer Medizin denken viele an Akupunktur und Schröpfen, aber tatsächlich ist auch die Ernährung ein unverzichtbarer Bestandteil der uralten Heiltradition: Denn nur mit wertvoller Nahrungsmittelzufuhr lässt sich das energetische Gleichgewicht im Körper aufrechterhalten, andernfalls drohen vielfältige Beschwerdebilder und Krankheiten. Zum Glück ist das gar nicht kompliziert und dabei auch noch so richtig schmackhaft, wie Ihnen die Rezepte in diesem Buch beweisen. Machen Sie sich zunächst mit den Grundlagen der TCM wie Elementenlehre, innerer Organuhr & Co. vertraut und stöbern Sie anschließend durch optimal darauf zugeschnittene grenzenlose Schlemmervielfalt: Ob Fleischfan, Fischfreak, Veggie oder Naschkatze, bei den sorgfältig ausgewählten Genuss-Ideen kommt jeder auf seine Kosten und Sie entdecken eine große Auswahl an Frühstückskreationen, Suppen, Salaten, Hauptgerichten, Desserts und vielem mehr.

Guten Appetit!

INHALT

Ein ganzheitliches Heilkundesystem

Im Rahmen der Traditionellen Chinesischen Medizin (TCM) stellt die Ernährung einen zentralen Bestandteil der Ernährung dar. Sie gehört neben den Methoden der Akupunktur sowie anderen bekannten traditionellen Behandlungsformen zu einer der fünf Säulen eines umfassenden Behandlungskonzeptes. Sie stellt somit den Hauptbestandteil für eine ausgeglichene Gesundheit und das Wohlbefinden, also das Gleichgewicht zwischen Yin und Yang, dar. Nur wenn beide Prinzipien im Einklang sind, bildet Ihr Körper ein harmonisches Spannungs- und Energiefeld und kann ungehindert seiner Arbeit nachkommen.

Die Traditionelle Chinesische Medizin hat es sich dahingehend zur Aufgabe gemacht, das Ungleichgewicht der Kräfte des Körpers wiederherzustellen und Menschen auf diese Weise zu mehr Wohlbefinden zu verhelfen.

In diesem Buch erfahren Sie daher, was es mit der Traditionellen Chinesischen Medizin auf sich hat und wie die TCM im Laufe der Geschichte entstanden ist. Hierzu erhalten Sie einen Überblick über die fünf Elemente und welche Bedeutung selbigen zukommt. Darüber hinaus erhalten Sie die Grundlagen für eine Ernährungsweise nach TCM. Außerdem erfahren Sie, was die Organuhr mit der Nahrungsaufnahme zu tun hat und wie Sie diese im Rahmen Ihrer Ernährung berücksichtigen können. Anschließend erhalten Sie eine Vielzahl von Rezepten, die Sie für Ihre Ernährungsweise nutzen können.

TCM – mit langer Tradition

Der Begriff TCM steht als Abkürzung für die Traditionelle Chinesische Medizin. Diese steht für ein ganzheitliches Heilverfahren, das dem Bereich der Alternativmedizin zugeordnet wird. Ihren Ursprung hat diese Form der Behandlung in China. In ihrem Vorgehen setzt sie ihren Blick auf die ganzheitliche Behandlung von Erkrankten. Sie behandelt daher nicht ausschließlich Symptome, sondern versucht bei der Heilung selbiger neben dem Körper auch den Geist in den Blick zu nehmen. In diesem Kontext wird der Körper als ein zusammenhängendes System verstanden, das durch sogenannte Energiebahnen miteinander verbunden ist.

Definition: Energiebahnen

Energiebahnen werden im Rahmen der Traditionellen Chinesischen Medizin auch als Meridiane bezeichnet. Sie bestehen aus einem zusammenhängenden und ganzheitlich verzweigten System, das in allen Körperbereichen miteinander verbunden ist. Diese Energiebahnen verlaufen innerhalb unseres Körpers entlang der Hautoberfläche sowie im Körperinneren. Aus diesem Grund werden sie auch häufig als die Verbindung zwischen dem Innen und Außen beschrieben. Können die Energien zwischen diesen Energiebahnen nicht vollständig fließen, leidet der Mensch im Sinne der TCM unter Erkrankungen und ist nicht gesund. Hier setzt dann die TCM mit ihren Behandlungsmethoden an.

Mit Blick auf die Behandlungsmethoden setzt sich die Traditionelle Chinesische Medizin aus unterschiedlichen Konzepten zusammen. Hierzu zählen unter anderem die nachfolgenden Methoden:

- Akupunktur

Die Akupunktur zählt zu den ältesten und wohl bekanntesten Formen der Behandlung im Rahmen der Traditionellen Chinesischen Medizin. Heute zählt sie auch zu den Behandlungsformen, die am weitesten verbreitet sind. Hier werden mit dünnen Nadeln Akupunkturpunkte eingestochen, um mögliche blockierte Energiebahnen zu öffnen und für die Wiederherstellung des Energiegleichgewichtes zu sorgen.

- Schröpfen

Im Rahmen der Methode des Schröpfens werden sogenannte Schröpfgläser auf der Haut aufgesetzt. Diese werden auf Muskelverhärtungen angesetzt. Im Anschluss wird ein Unterdruck erzeugt, der bei der Behandlung unterstützen soll.

- Moxibustion

Bei der Methode der Moxibustion werden verschiedene Areale des Körpers erwärmt. Meist handelt es sich bei den erwärmten Bereichen um die Akupunkturpunkte, die der Behandlung der jeweiligen Erkrankung dienlich sind.

- Diätetik

Die Diätetik beschreibt innerhalb der Traditionellen Chinesischen Medizin die Lehre von der Zusammensetzung von Nahrungsbestandteilen, die für die Gesunderhaltung des Körpers unabdingbar sind.

- Heilkräutertherapie

Die Heilkräutertherapie zählt laut heutigem Stand neben der Diätetik zu den Methoden der TCM, die den größten Erfolg versprechen. Orientiert an den Beschwerden des Patienten bietet sie eine maßgeschneiderte Therapie mit Heilkräutern, die zur Behandlung eingesetzt werden.

- Massageformen (wie zum Beispiel Tuina oder Gua Sha)

Bei den Massageformen geht es um eine gezielte Stimulation von Akupunktur und Akupressurpunkten, die die Selbstheilungskräfte des Körpers anregen sollen. Auf diese Weise werden im Körper spezifische Heilreaktionen für spezifische Beschwerden hervorgerufen.

- Bewegungslehre (zum Beispiel Qi Gong)

Mit dem Begriff der Bewegungslehre werden spezifische Übungen zusammengefasst, die der Behandlung von Körper und Geist in seiner Ganzheitlichkeit dienen sollen. Diese werden sowohl vorbeugend als auch für akute Beschwerden eingesetzt.

Für die Ernährungsweise nach TCM ist vor allem die Diätetik relevant. Sie beschreibt ernährungstherapeutische Maßnahmen, die der Vorbeugung und Behandlung bestehender Krankheiten dienlich sein soll. Bevor wir uns dieser widmen, werfen wir zunächst einen kurzen Blick auf die Entstehungsgeschichte der Traditionellen Chinesischen Medizin.

Exkurs: Ein geschichtlicher Überblick

Der Ursprung der Traditionellen Chinesischen Medizin geht auf eine Zeit vor weit mehr als 2.000 Jahren zurück. Hier besteht Uneinigkeit darüber, ob die Wurzeln der alten chinesischen Medizin gegebenenfalls sogar weit mehr als 6.000 Jahre zurückreichen. Zu den ältesten Behandlungsmethoden gehört dabei die Akupunktur, die sich bereits vor einigen Jahrtausenden bewährt hat. Während die Anfänge der Traditionellen Chinesischen Medizin auf Opferkulte und den Glauben an Dämonen zurückgeführt werden, wurde das in dieser Zeit entwickelte Wissen Hunderte von Jahren später systematisiert und schriftlich fixiert. In dieser Zeit wurde nicht nur der Blutkreislauf erstmals beschrieben, sondern auch die Einteilung von Substanzen in unterschiedliche Heilmittel vorgenommen. In diesem Kontext tauchten erstmals auch Nadeln, die gewisse Punkte innerhalb des Körpers (später Akupunkturpunkte) triggern sollte, schriftlich erwähnt. Hier wurde der offizielle Beginn der Akupunktur und damit eine der wichtigsten Behandlungsformen der Traditionellen Chinesischen Medizin markiert. Im weiteren Verlauf der Jahrhunderte entstand auf diese Weise die Weiterentwicklung unterschiedlicher Behandlungsmethoden. In diesem Kontext tauchten erstmalig im weiteren Verlauf auch Methoden für die Meditation, Atmung, Massagen sowie klein-chirurgische Verfahren auf. In den nächsten Jahrhunderten entwickelte sich auf der Basis der Beobachtung des menschlichen Körpers die traditionelle chinesische Heilkunde, worin auch das Wissen über die fünf Elemente begründet liegt, das Sie im weiteren Verlauf des Kochbuchs noch näher kennenlernen werden. Im Unterschied zur westlichen Medizin orientierte sich die östliche Medizin in ihrer Tradition schon immer an der Ganzheitlichkeit und betrachtete den Körper nie unabhängig von Geist und Seele. Auf der Basis dieses Wissens haben sich die Annahmen über die verschiedenen Energiebahnen entwickelt, die auch bis heute noch Aktualität besitzen. Auch in den darauffolgenden Jahren hat sich die Traditionelle Chinesische Medizin weiterentwickelt. Hieraus entwickelte sich mit der Zeit auch die Diätetik, also die traditionelle Ernährungslehre der TCM. Für die Behandlung von Krankheiten war auch in dieser Zeit schon die Ernährung neben anderen Formen der Behandlung ein zentraler Bestandteil.

Im Laufe der Zeit verlor die Traditionelle Chinesische Medizin mit dem zunehmenden Fortschritt der westlichen Medizin an Bedeutung. Das lag vor allem darin begründet, dass ihr Vorgehen neben modernen Behandlungsmethoden eher rückschrittig wirkte. So kam es, dass die TCM und ihre Grundgedanken für eine gewisse Zeit (bis 1949) verschwanden und man sich ausschließlich auf die „fortschrittliche" Medizin konzentrierte. Erst ab 1949 fand eine Rückbesinnung auf traditionelle Werte statt. Bis dahin fand sie jedoch ausschließlich in der östlichen Welt ihre Berechtigung. Erst zum Ende der 1960er Jahre fand ein Austausch zwischen östlicher und westlicher Welt und damit eine schrittweise Integration der Behandlungsmethoden in die jeweils anderen Medizinformen statt.

Heute existieren die Schulmedizin sowie die traditionell chinesischen Behandlungsformen nebeneinander. Zudem wird die TCM heute wieder an spezifischen Schulen vermittelt, sodass ihre Tradition weiter erhalten bleibt. Das liegt nicht zuletzt an der zunehmenden Beliebtheit von alternativen Behandlungsmethoden, die in der modernen Welt immer mehr Anklang finden.

Die fünf Elemente der TCM-Ernährung

Wie Sie bereits erfahren haben, spielt innerhalb der Traditionellen Chinesischen Medizin die Ernährung eine entscheidende Rolle für die Gesundheit. Diese Ernährungslehre fußt auf den fünf Elementen der TCM.

Unter den fünf Elementen der TCM oder auch Fünf-Elemente-Lehre wird ein traditionell philosophisches Konzept der Behandlungsformen verstanden. Sie besagt dabei nichts anderes, als dass sich die Organe und Funktionen des menschlichen Körpers in fünf Grundelemente einteilen lassen. Zu diesen Grundelementen gehören Holz, Feuer, Erde, Metall und Wasser. Im Rahmen dieser Elemente wird auch die chinesische Ernährungslehre eingeteilt, was Sie im Rahmen der nachfolgenden Kapitel genauer betrachten werden. Vorher betrachten wir uns die Elemente genauer.

Holz

Holz symbolisiert auf der Basis der alten chinesischen Lehre das Sprießen und Wachsen der Natur. Kommt dieses Element zum Erliegen, etabliert sich ein Stillstand. Aus diesem Grund wird dem Element der Prozess der Entwicklung zugeordnet.

Feuer

Feuer gilt als das Symbol für das Verbrennen. Es symbolisiert neben Leidenschaft auch Freude und Freundlichkeit. Dem Element kommt daher die Ausgestaltung beziehungsweise eine dynamische Aktion zu.

Erde

Das Element der Erde beschreibt und symbolisiert eine Wandlung. Sie kann Veränderungen bewirken und symbolisiert innerhalb der Lehre daher die nährende Kraft.

Metall

Das Element Metall ist rein. Neben der Aufgabe des Schutzes kommt ihm auch die Funktion des Verletzens zu.

Wasser

Wasser kommt im Rahmen der chinesischen Tradition als Element die Aufgabe zu, die Pflanzenwelt zu nähren.

Die erläuterten Elemente beschreiben dabei die grundsätzlichen Kräfte der Natur, die in jedem Menschen verankert sind. Sie stehen in Wechselwirkung zueinander und unterliegen einem ständigen Wandel. Im Kontext der Ernährungslehre der TCM (Diätetik) werden die Elemente bestimmten Lebensmitteln zugeordnet. Die Erläuterungen hierzu erhalten Sie im nachfolgenden Kapitel. Im Rahmen der traditionell chinesischen Philosophie beschreiben die Elemente als Urkräfte der Natur Wandlungsphasen oder auch zyklische Prozesse.

Zu diesen zyklischen Prozessen gehören die nachfolgenden:

- Nährungszyklus

Mit dem Nährungs- oder auch Entstehungszyklus werden die Elemente untereinander genährt.

Beispiel:

Aus Wasser entsteht Holz, aus Holz kann ein Feuer genährt werden, Feuer sorgt dafür, dass die Erde entstehen kann und die Erde bildet Metall, welches wiederum Wasser hervorbringt.

• Schwächungszyklus
Im Schwächungszyklus wird beschrieben, dass durch die Entstehung neuer Elemente das vorherige Element des Zyklus geschwächt wird.

Beispiel:
Durch ein Feuer wird Holz verbrannt. Holz saugt Wasser auf und Wasser sorgt dafür, dass Metall korrodiert. Metall hingegen entzieht der Erde Mineralien und diese wiederum erstickt das Feuer.

• Kontrollzyklus
In jede der zyklischen Phasen wird durch die Wandlungsprozesse eine Kontrolle des übernächsten Elements vollzogen. Auf diese Weise bleiben die Systeme im Gleichgewicht.

Beispiel:
Wasser kann Feuer auslöschen. Feuer hingegen kann Metall zum Schmelzen bringen. Metall (eine Axt) ist in der Lage, Holz zu spalten. Holz (Bäume und Pflanzen) entziehen der Erde Mineral- und Nährstoffe, wohingegen die Wurzeln die Erde zusammenhalten. Die Erde (zum Beispiel in Form von Staudämmen) schafft es, Wasser aufzuhalten. Gleichzeitig kann die Erde Wasser verschmutzen.

• Schädigungszyklus
Im Rahmen des Schädigungszyklus oder auch Übertretungszyklus kommt der Kontrollmechanismus in die entgegengesetzte Richtung zum Tragen.

Beispiel:
Wasser kann die Erde durch Erosion aufweichen. Die Erde kann das Holz ersticken. Holz kann Metall stumpf machen. Gleichzeitig kann Metall die Wärme des Feuers aufnehmen und Feuer kann Wasser verdampfen lassen.

Im Rahmen der Traditionellen Chinesischen Medizin sind die Elemente spezifischen Organen und Gewebebestandteilen, Sinnesorganen, Emotionen und geistigen Prozessen zugewiesen.

Beispiel:
Die Leber als Organ dient der Stärkung des Nährstoffzyklus und stärkt das Herz. Gleichzeitig schwächt sie die Niere, kann die Milz kontrollieren und die Lunge schädigen.

Auf der Basis dieser Zuordnung beruhen die Diagnoseverfahren, die innerhalb der traditionellen Heilverfahren üblich sind. Vereinfacht kann die Zuordnung dabei wie folgt dargestellt werden:

Yin	Yang	Element
Leber	Gallenblase	Holz
Herz	Dünndarm	Feuer
Milz und Bauchspeicheldrüse	Magen	Erde
Lunge	Dickdarm	Metall
Niere	Blase	Wasser

Mithilfe der Lehre der fünf Elemente werden in Bezug auf die Diätetik die Lebensmittel in unterschiedliche Kategorien eingeteilt, die dazu beitragen sollen, das energetische Gleichgewicht, also die Harmonie zwischen Yang (Energie) und Materie (Yin) im Körper zu erhalten oder nach Bedarf wiederherzustellen.

Definition: Yin und Yang

Yin und Yang zählen innerhalb der Traditionellen Chinesischen Medizin als Urkräfte. Daher zählen sie zu den zentralen Grundbegriffen der Philosophie. Sie symbolisieren die grundlegenden Kräfte des Lebens und bilden gemeinsam eine Einheit. Darüber hinaus sind sie untrennbar miteinander verbunden und stehen in Wechselwirkung zueinander.

Beispiel:
Stellen Sie sich eine brennende Kerze vor. Die Kerze steht hier für das Yin, während die Flamme das Yang symbolisiert. Nimmt die Kraft des Yangs, also der Flamme zu, brennt das Yin, also die Kerze schneller ab. Befinden sich Yin und Yang jedoch in Balance, brennt die Kerze langsamer und gleichmäßig ab.

Auf das Prinzip von Yin und Yang führt die TCM auch das Vorhandensein von Krankheiten zurück.

Die Kategorien der Elemente lernen Sie im nachfolgenden Kapitel genauer kennen.

Die TCM-Ernährungstabelle

Die Traditionelle Chinesische Medizin ist der Auffassung, dass das, was wir essen, sich maßgeblich auf unsere Gesundheit und unser energetisches Gleichgewicht auswirkt. Die Art unserer Nahrungsaufnahme gibt somit einen wesentlichen Aufschluss darüber, in welcher Verfassung unser Wohlbefinden ist. Im Sinne dieser traditionellen Philosophie ist der Mensch ein Gefüge aus Energien, das nur durch den Einklang von Geist, Seele und Körper als gesund erachtet werden kann. Hierzu sind die fünf Elemente entscheidend. Sie werden nicht nur unterschiedlichen Organsystemen zugeordnet. Im Rahmen der Traditionellen Chinesischen Medizin werden den unterschiedlichen Elementen zudem verschiedene Geschmacksrichtungen zugeordnet. Hierzu die folgende Übersicht:

Element	**Geschmack**	**Wirkung**
Erde	**Süß** Dem Element Erde wird ein süßer Geschmack zugeordnet. Es wirkt dabei auf den Magen und die Milz. Beispiel für Lebensmittel dieses Elements: • Kartoffeln, Möhren • Eier • Butter • Mais • Rindfleisch • Zimt • Sojaöl, Rapsöl • Vanille • Quinoa • Zwiebel • Hokkaidokürbis • Aprikose • Käse mit hohem Fettgehalt • Pfirsich • Kohlrabi • Kürbis • Hirse • Wirsing • Weiß- und Rotkohl • Honig • Trauben • Leinsamen • Gerste • Aubergine, Zuccini • Blumenkohl • Chinakohl • Spinat • Mangold • Sellerie, Fenchel • Estragon • Pilze • Tofu • Apfelsaft • Banane • Mango, Wassermelone	Produkte des Elements Erde weisen die folgenden Wirkungen auf den Körper auf: • Befeuchtend • Sättigend • Kräftigend • Energiegenerierend • Unterstützt die Verdauung • Stabilisierend • Harmonisiert das Qi • Entspannend

Holz	**Sauer** Dem Element Holz wird ein saurer Geschmack zugeordnet. Dieses Element hat einen Einfluss auf die Leber sowie die Gallenblase. Beispiel für Lebensmittel dieses Elements: • Orangen • Mangold • Tomaten • Sauerkraut • Huhn • Weizen • Essig • Soja • Essig • Petersilie • Kirschsaft • Gojibeeren • Dinkel • Weizen • Sprossen • Buttermilch • saure Sahne • Apfel • Johannisbeere • Bier • Wein • Zitrone • Kiwi • Ananas • Stachelbeere • Rhabarber • Joghurt	Produkte des Elements Holz weisen die folgenden Wirkungen auf den Körper auf: • Versetzt Energie in Bewegung • Verteilt Energie • Löst Stagnationen • Fördert Flexibilität • Entgiftend • Leicht wärmend • Unterstützt die Leberfunktion • Fördert den Gallenfluss

Feuer	**Bitter** Dem Element Feuer wird ein bitterer Geschmack zugeordnet. Das Element Feuer wirkt auf das Herz und den Dünndarm. Beispiel für Lebensmittel dieses Elements: • Spargel • Rote Bete • Rucola • Radicchio • Basilikum • Majoran • gegrilltes Fleisch • Schafskäse, Ziegenkäse • Hafer • Kaffee • Rotwein • Thymian, Rosmarin, Oregano • Rosenkohl • Feldsalat • Amaranth • Roggen, Buchweizen • Quitte • Pampelmuse • Pastinake • Chicorée • Artischocke • Oliven • Löwenzahn • Holunderbeere • grüner Tee	Produkte des Elements Feuer weisen die folgenden Wirkungen auf den Körper auf: • Fördert die Energieweiterleitung • Stärkt das Herz • Anregend • Unterstützt die Blutzirkulation • Klärend • Fördert Ausleitung von überschüssiger Hitze • Hebt die Stimmung • Schärft den Geist

Metall	**Scharf** Das Element Metall steht für den scharfen Geschmack. Es beeinflusst sowohl den Dickdarm als auch die Lunge. Beispiel für Lebensmittel dieses Elements: • Zwiebeln • Radieschen • Ingwer • Senf • Knoblauch • Pfeffer • Curry • Basilikum • Frühlingszwiebel • Lorbeer • Ingwer • Kreuzkümmel, Muskat, Kümmel • Rettich • Spargel • weiße Rüben • Pfefferminztee • Kardamom • Kaninchen, Pute, Gans	Produkte des Elements Metall weisen die folgenden Wirkungen auf den Körper auf: • Klärend • Kühlend • Schützend • Stärkt die Abwehrkräfte • Trocknend • Löst Schleim • Unterstützt die Lungenfunktion • Fördert die Ausscheidung

Wasser	**Salzig** Das Element Wasser steht für den salzigen Geschmack. Es nimmt Einfluss auf die Blase und die Niere. Beispiel für Lebensmittel dieses Elements: • Fisch • Meeresalgen • Wasser • Salz • Oliven • gepökelte Speisen • geräucherte Speisen • Aal, Lachs, Sardelle, Scholle, Thunfisch, Meeresfrüchte, Tintenfisch • Linsen, Kichererbsen • schwarze Sojabohne • Mungobohnen, Nierenbohnen, gelbe Sojabohnen • Miso • Mineralwasser, Quellwasser • Kaviar	Produkte des Elements Wasser weisen die folgenden Wirkungen auf den Körper auf: • Kühlend • Feuchtigkeitsspendend • Unterstützt die Nierenfunktion • Fördert die Blasenfunktion • Reinigend • Hilft bei der Flüssigkeitsregulation • Stabilisiert und beruhigt • Unterstützt die Verdauung

Im Kontext der TCM haben Lebensmittel nicht nur einen hohen Stellenwert, sie werden auch durch das Ying und Yang beeinflusst. Die Einhaltung dieses Gleichgewichtes bildet das zentrale Element der Ernährungsform. Nur wenn sich beide Pole im Gleichgewicht befinden, kann die Energie ungehindert durch den menschlichen Körper fließen und hält uns gesund. Hierin liegt auch begründet, dass Lebensmittel im Rahmen der Ernährung nach TCM eine energetische Einteilung erfahren. Während Yin für die kalten Nahrungsmittel steht, symbolisiert das Yang die erwärmenden und heißen Nahrungsbestandteile. Das bedeutet nicht, dass die Orientierung an bestimmten Temperaturen stattfindet. Vielmehr bezieht sich die Einteilung auf die energetischen Eigenschaften der einzelnen Bestandteile. Zusammengefasst ergeben sich hieraus die folgenden Einteilungen:

- Zu den kalten Lebensmitteln (viel Yin) können beispielhaft
    - Salatgurken,
    - Mineralwasser,
    - Weizensprossen,
    - Wassermelone
    - Tomaten,
    - Muscheln,
    - Joghurt,
    - Kiwi,
    - Wassermelone und
    - Salz gezählt werden.

Kalte Nahrungsmittel verlangsamen den Stoffwechsel und kühlen den Körper ab.

- Kühlende Nahrungsmittel (Yin) hingegen sind zum Beispiel
    - Äpfel,
    - Weizen,
    - rohes Fleisch,
    - Tofu,
    - Obst,
    - Blumenkohl,
    - Mangold,
    - Butter und
    - Olivenöl.

Kühlende Lebensmittel sorgen innerhalb des Körpers für den Aufbau von Körpersäften sowie die Stärkung des Blutes.

- Als neutral (Yin und Yang im Gleichgewicht) werden Lebensmittel wie
  - Möhren,
  - gekochtes Gemüse,
  - Wurzelgemüse,
  - Erbsen,
  - Mandeln,
  - Feldsalat,
  - Eier,
  - die meisten Nüsse und Samen,
  - überreifes Obst,
  - Öle
  - Getreide,
  - die meisten Gemüsesorten,
  - Butter und Kartoffeln bezeichnet.

Das liegt vor allem daran, dass sie ein energetisches Gleichgewicht zwischen Yin und Yang aufweisen. Zudem sorgen sie für Ausgewogenheit und sorgen damit für die Stärkung des Organismus.

• Erwärmende Lebensmittel (Yang) sind im Sinne der Lehre beispielsweise

- Hühnerfleisch,
- gekochtes Fleisch,
- Thunfisch,
- Walnüsse,
- Kirschen,
- Fenchel,
- würziger Käse,
- Hafer,
- Ziegenkäse,
- Koriander und Lauch.

Erwärmende Nahrungsmittel sorgen für die Stärkung der Lebensenergie und schützen den Körper vor äußeren Einflüssen.

• Zu den heißen Nahrungsmitteln (viel Yang) zählen zum Beispiel Produkte wie

- Ingwer,
- Zimt,
- Pfeffer,
- Chili,
- starke Gewürze im Allgemeinen,
- Alkohol,
- Lammfleisch oder Cayennepfeffer.

Heiße Lebensmittel führen dem Körper Wärme zu und sorgen dafür, dass dieser belebt wird.

Die Ernährung im Sinne der Traditionellen Chinesischen Medizin richtet sich nicht nur nach den thermischen Eigenschaften von Nahrungsbestandteilen, sondern auch nach den jeweiligen Jahreszeiten. Das bedeutet, während kalte Nahrung vorwiegend im Sommer konsumiert werden sollte, unterstützt im Winter warme Nahrung unseren Körper. Zudem orientiert sich die TCM an den saisonal und regional verfügbaren Produkten. Kohleintöpfe eignen sich daher aufgrund ihres saisonalen Vorkommens eher für die kalten Jahreszeiten, wohingegen Tomaten und Gurken im Sommer Saison haben. Neben den Jahreszeiten beeinflusst die Art der Zubereitung die Energie der jeweiligen Speisen. Hier gelten grundsätzlich die nachfolgenden Grundsätze:

- Gekochte Lebensmittel haben eine deutlich erwärmendere Wirkung als roh verzehrte Nahrung.
- Gegrillte und frittierte Speisen weisen ein hohes Maß an Wärme (Yang) auf.
- Gekühlte oder gefrorene Lebensmittel hingegen haben eine kühlende Wirkung (Yang).

Für die Zubereitungsarten können Sie sich daher die nachfolgende Übersicht und deren Wirkung betrachten:

Zubereitungsart	Wirkung auf den Körper
• gekochte Produkte • gedünstete Produkte • dampfgegarte Produkte • geschmorte Produkte • blanchierte Produkte • gebackene Produkte • geriebene Produkte • pürierte Produkte • in Essig eingelegte Produkte • getrocknete Produkte	Erwärmen
• gegrillte Produkte • geröstete Produkte • gebratene Produkte • frittierte Produkte • scharf gewürzte Produkte • mit und in Alkohol zubereitete Produkte	Erhitzen
• verkeimte Produkte • in Wasser gelöste Produkte • in Sojasauce eingelegte Produkte	Kühlen
• in Salz eingelegte Produkte • tiefgekühlte Produkte	Erkalten

Die Temperatur der Lebensmittel entspricht innerhalb der Traditionellen Chinesischen Medizin daher eher selten der tatsächlich vorhandenen Temperatur des Lebensmittels. Vielmehr wird hier von einer symbolischen (spirituellen) Temperatur gesprochen. Nicht selten steht diese im Gegensatz zu der tatsächlichen Temperatur der Nahrung.

Um die optimale Versorgung der Organe des Körpers sicherzustellen, müssen alle Elemente in der Nahrung untergebracht werden. Auf diese Weise können Sie dazu beitragen, dass Ihr Körper sich in ein energetisches Gleichgewicht begibt und in der Lage ist, Krankheiten sowohl vorzubeugen als auch standzuhalten.

DIE BEDEUTUNG DER INNEREN ORGANUHR FÜR DIE NAHRUNGSAUFNAHME

Neben der Orientierung an den Elementen sollte die Nahrungsaufnahme über den Tag verteilt an der inneren Organuhr des Menschen orientiert werden.

> Definition: innere Organuhr
> Der Begriff der Organuhr beschreibt innerhalb der Traditionellen Chinesischen Medizin den Ablauf unseres Energiekreislaufes. Innerhalb dieser Uhr werden jedem Organ spezifische Zeiten zugeordnet, in denen das entsprechende Organ jeweils mit Energie versorgt wird.

Der Aufbau der Organuhr ist dabei an den sogenannten 12 Hauptmeridianen des menschlichen Körpers orientiert.

Definition: die 12 Hauptmeridiane

Die sogenannten Hauptmeridiane durchfließen den menschlichen Körper und beschreiben den Energiefluss, seinen Energiefluss. Es handelt sich bei den Meridianen daher um ein Leitbahnsystem, das sich durch alle Bereiche unseres Körpers verzweigt und die Organe mit Lebensenergie versorgt. Der Verlauf der Meridiane ist dabei symmetrisch angeordnet. Benannt werden diese jeweils nach ihren Funktionsbereichen:

- Lungen-Meridian
- Herz-Meridian
- Dickdarm-Meridian
- Dünndarm-Meridian
- Blutkreislauf-Sexus-Meridian
- Schilddrüsen-Meridian
- Leber-Meridian
- Gallenblasen-Meridian
- Milz-Pankreas-Meridian
- Magen-Meridian
- Nieren-Meridian
- Blasen-Meridian

Für die innere Organuhr geben die Meridiane Aufschluss darüber, welches Organ zu welcher Uhrzeit am besten funktioniert. Die Traditionelle Chinesische Medizin regt dabei innerhalb ihrer Behandlungsformen dazu an, auf den eigenen Körper zu hören und die eigenen „Arbeits- und Ruhezeiten“ zu beachten. Ein Einklang mit und die Berücksichtigung der inneren Organuhr führt dabei zu einem Leben nach dem natürlichen Biorhythmus und unterstützt den Körper dabei, dass dieser seine Funktionen bestmöglich ausführen kann. Inhaltlich folgt die Organuhr dabei den Abläufen der Natur. Im Rahmen eines 24-Stunden-Rhythmus ergibt sich für die jeweiligen Organe hierbei der nachfolgende Zeitplan.

Organ	Tageszeit	Beschreibung
Leber	• arbeitet zwischen 1 und 3 Uhr • Ruhephase von 13 bis 15 Uhr **In der Zeit, in der die Leber arbeitet, verläuft die Ruhephase des Dünndarms.**	Während die Leistungsfähigkeit des Körpers um diese Zeit eher auf dem Tiefpunkt ist, arbeitet die Leber auf Hochtouren. Für die Entgiftung benötigt sie dabei Ruhe.
Lunge	• arbeitet zwischen 3 und 5 Uhr • Ruhephase von 15 bis 17 Uhr **In der Zeit, in der die Lunge arbeitet, verläuft die Ruhephase der Harnblase.**	In dieser Zeit regelt die Lunge unsere Atmung. Zudem verteilt sie die Körperflüssigkeiten und reinigt diesen. Fördern können wir die Lungentätigkeit, indem wir bei geöffnetem Fenster schlafen oder in der kalten Jahreszeit vor dem Schlafengehen den Raum durchlüften.
Dickdarm	• arbeitet zwischen 5 und 7 Uhr • Ruhephase von 17 bis 19 Uhr **In der Zeit, in der der Dickdarm arbeitet, verläuft die Ruhephase der Niere.**	In dieser Phase beginnen die Ausscheidungs- und Reinigungsprozesse. Diese können Sie nach dem Aufstehen unterstützen, indem Sie ein Glas lauwarmes Wasser trinken.

Magen	• arbeitet zwischen 7 und 9 Uhr • Ruhephase von 19 bis 21 Uhr **In der Zeit, in der der Magen arbeitet, verläuft die Ruhephase des Kreislaufs.**	In dieser Phase benötigt Ihr Körper Nährstoffe, da er sich in den vorangegangenen Phasen gereinigt hat. Die Nährstoffzufuhr können Sie durch ein kräftebringendes Frühstück unterstützen.
Milz und Pankreas	• arbeitet zwischen 9 und 11 Uhr • Ruhephase von 21 bis 23 Uhr **In der Zeit, in der die Milz arbeitet, verläuft die Ruhephase der Schilddrüse.**	In dieser Zeit können Konzentrations- und Denkarbeiten am besten erledigt werden. Die Merkfähigkeit des Gehirns ist in dieser Phase am höchsten. Zudem beginnt in der Zeit von 9 bis 11 Uhr die Wundheilung.
Herz	• arbeitet zwischen 11 und 13 Uhr • Ruhephase von 23 bis 1 Uhr **In der Zeit, in der das Herz arbeitet, verläuft die Ruhephase der Gallenblase.**	In dieser Phase beginnt der Körper, sich auf seine Verdauung vorzubereiten.
Dünndarm	• arbeitet zwischen 13 und 15 Uhr • Ruhephase von 1 bis 3 Uhr **In der Zeit, in der der Dünndarm arbeitet, verläuft die Ruhephase der Leber.**	In dieser Zeit wird die Nahrung verdaut. Sie eignet sich für Kinder und ältere Menschen für einen Mittagsschlaf oder einen entspannten Spaziergang, da diese Aktivitäten den Körper mit Energie versorgen.

Blase	• arbeitet zwischen 15 und 17 Uhr • Ruhephase von 3 bis 5 Uhr **In der Zeit, in der die Blase arbeitet, verläuft die Ruhephase der Lunge.**	Im Verlauf dieser Zeit verfügt der Körper über deutlich mehr Lebensenergie, weshalb er geistige und körperliche Tätigkeiten besser ausführen kann. Aufgrund dessen können Sie Ihren Körper unterstützen, indem Sie einen Tee trinken.
Niere	• arbeitet zwischen 17 und 19 Uhr • Ruhezeit von 5 bis 7 Uhr **In der Zeit, in der die Niere arbeitet, verläuft die Ruhephase des Dickdarms.**	Wenn der Puls am Abend zu sinken beginnt, beginnt die Hochphase der Niere. Um Ihre Niere bei der Erledigung ihrer Aufgaben zu unterstützen, können Sie Kräutertees trinken, die entgiftend wirken.
Blutkreislauf	• arbeitet zwischen 19 und 21 Uhr • Ruhezeit von 7 bis 9 Uhr **In der Zeit, in der der Blutkreislauf arbeitet, verläuft die Ruhephase des Magens.**	Um diese Uhrzeit stellt der Körper sich auf Ruhe ein. Aus diesem Grund ist es wichtig, dass Sie diese Zeit nutzen, um zu entspannen.
Schilddrüse	• arbeitet zwischen 21 und 23 Uhr • Ruhephase von 9 bis 11 Uhr **In der Zeit, in der die Schilddrüse arbeitet, verläuft die Ruhephase der Milz.**	In dieser Zeit gehen die Verdauungsorgane in eine Ruhephase über.

Wie die Auflistung zeigt, übernehmen unsere Organe über den Tag verteilt wichtige Aufgaben. Aus den Annahmen der Organuhr ergeben sich dabei die nachfolgenden Annahmen für die Ernährung im Sinne der Traditionellen Chinesischen Medizin:

• Die ideale Zeit zum Aufstehen und somit für einen entspannten Tagesbeginn liegt zwischen 5 und 7 Uhr (Element Metall). In dieser Zeit entschlackt der Körper und verdaut die Abfallprodukte der Nacht und des vorangegangenen Tages.

• Zwischen 7 und 9 Uhr (Element Erde) empfiehlt sich zunächst der Verzehr eines leichten Snacks. Zudem wird von der TCM empfohlen, in dieser Phase Atemübungen und/oder Körperübungen durchzuführen, die der Lunge dabei helfen, sich zu reinigen. Besonders empfehlenswert ist in dieser Phase eine warme Tasse Tee oder heißes Wasser mit Zitrone. Dazu können Sie ein Stück Obst verzehren. Da die Verdauung in dieser Phase am besten arbeitet, spricht die Traditionelle Chinesische Medizin die Empfehlung aus, ein vollwertiges Frühstück einzunehmen, um einen gesunden Stoffwechsel voranzutreiben. Um den Magen in dieser Zeit nicht überzustrapazieren, sollte die geistige und emotionale Tätigkeit in dieser Phase gering gehalten werden.

• In der Zeit zwischen 9 und 11 Uhr (ebenfalls Element Erde) wird die verdaute Nahrung in Energie umgewandelt. Das bedeutet, in dieser Phase wird die Energie innerhalb des Körpers bestmöglich verteilt. Aus diesem Grund eignet sich diese Zeit am besten für geistige Tätigkeiten. Gerät dieser Energiefluss beispielsweise durch eine zu geringe Nahrungsaufnahme aus dem Gleichgewicht, kann dies dazu führen, dass Sie zum Grübeln tendieren oder ein hohes Maß an belastenden Gedanken vorfinden. Um Ihren Körper in dieser Zeit zu entlasten, können Sie unterstützend Meditationen, Körperübungen oder Yoga durchführen, um Ihren Geist zu beruhigen.

• Zwischen 11 und 13 Uhr (Element Feuer) sollte im Sinne der Traditionellen Chinesischen Medizin ein Mittagessen eingenommen werden. Dies soll die Organe dabei unterstützen, Kraft für ihre Anstrengungen zu tanken.

• Von 13 bis 15 Uhr (Element Feuer) rät die chinesische Organuhr dazu, eine kurze Ruhephase einzulegen. Alternativ können ruhige Aufgaben übernommen werden, die Ihnen keine massiven geistigen Anstrengungen abverlangen. Dies liegt vor allem darin begründet, dass der Dünndarm Abfallprodukte identifiziert und diese abtransportiert.

• Zwischen 15 und 17 Uhr (Element Wasser) sollten Sie Ihren Körper durch das Trinken eines Tees unterstützen. In dieser Phase können Sie leichte Aufgaben erledigen. Für diese sollten Sie allerdings nur wenig Konzentration benötigen. Auf diese Weise unterstützen Sie Ihre Blase bei ihrer Tätigkeit. Hier können Sie durch das Trinken von Wasser und Tee unterstützen, da dies den Entgiftungsprozess unterstützt.

• Von 17 bis 19 Uhr (Element Wasser) können Sie Ihren Körper durch leichte Körperübungen unterstützen. In dieser Zeit sollten Sie ein leichtes Abendessen zu sich nehmen.

• In der Zeit zwischen 19 und 21 Uhr (Element Feuer) sollte der Körper zur Ruhe kommen.

• Von 21 bis 23 Uhr (Element Feuer) ist im Sinne der Traditionellen Chinesischen Medizin die Schlafenszeit vorgesehen. Dies gibt den Stoffwechselprozessen die Möglichkeit, sich zu erholen. Kann diese nicht eingehalten werden, soll der Körper zumindest in Ruhe gehalten werden.

• In der Zeit von 23 bis 1 Uhr (Element Holz) arbeitet die Gallenblase. Dies kann sie am besten, wenn wir schlafen. Auf diese Weise kann sich der Körper bestmöglich regenerieren. Das liegt nicht zuletzt daran, dass in dieser Zeit der Übergang zwischen den Yang- und Yin-Kreisläufen stattfindet. Diese Ruhephase benötigt der Körper, um die Giftstoffe aus dem Körper abzuleiten.

- Von 1 bis 3 Uhr (Element Holz) sollte im Sinne der Traditionellen Chinesischen Medizin und der Organuhr die Tiefschlafphase stattfinden. Diese Ruhephase benötigt der Körper, um seine Ausscheidungsprozesse vollziehen zu können.

Die Organuhr gibt gemäß der TCM daher an, wann wir welche Mahlzeiten verzehren und wie wir unseren Körper bei den organischen Vorgängen unterstützen können. Demnach geht es in einer Ernährungsweise, die sich an den Grundsätzen der Traditionellen Chinesischen Medizin orientiert, darum, auf den eigenen Körper zu hören und dabei die Wirkung von gesunden Lebensmitteln auf den Organismus zu beobachten. Mit welchen Rezepten und Speisen Ihnen das gelingt, erfahren Sie innerhalb der nachfolgenden Kapitel.

Frühstück

FRÜHSTÜCKSPORRIDGE

1 Port.

15 Min.

Leicht

Zutaten

3 EL Haferkleie
1 EL Flohsamenschalen
200 ml Pflanzenmilch (oder eine Alternative)
1 TL Zimt
½ TL Kurkuma
Saft einer ½ Zitrone
1 Handvoll Obst der Saison
1 EL Cashewkerne
1 Prise Salz

Nährwerte p. P.

372 kcal
57 g Kohlenhydrate
22 g Fett
14 g Eiweiß

1 Geben Sie die Haferkleie zusammen mit den Flohsamenschalen und der Milch in einen Topf. Dann erhitzen Sie die Zutaten auf geringer Hitze. Während die Zutaten erwärmt werden, reichern Sie diese mit Kurkuma und Zimt an.

2 Während das Porridge weiter erwärmt wird, können Sie damit beginnen, das Obst zu waschen und in mundgerechte Stücke zu zerkleinern.

3 Im Anschluss hacken Sie die Cashewkerne grob und pressen die Zitrone aus. Währenddessen sollten Sie nicht vergessen, die Hafermischung gelegentlich umzurühren.

4 Sobald Ihr Hafermix eine klebrige Konsistenz aufweist, geben Sie das Obst zusammen mit dem Porridge in eine Schale.

5 Geben Sie etwas Salz darüber und servieren Sie das Frühstücksporridge.

Tipp: Ein warmes Frühstück schont die Verdauung und sorgt für eine leichtere Nährstoffaufnahme. Zudem verursacht ein warmes Frühstück ein längeres Sättigungsgefühl und der Blutzuckerspiegel wird länger konstant gehalten. Darüber hinaus wird das Immunsystem gestärkt.

DINKELGRIEß MIT MARILLEN UND APFEL

 2 Port.

 15 Min.

 Leicht

Zutaten

¾ Glas Dinkelmilch (etwa 200 ml)
¾ Glas Dinkelgrieß (etwa 200 g)
200 ml Wasser
etwas Kokosflocken
1 Apfel
getrocknete Marillen nach Belieben
1 EL Mandelmus
etwas Zimt und Kardamom

Nährwerte p. P.

476 kcal
85 g Kohlenhydrate
6 g Fett
7 g Eiweiß

1 Geben Sie die Dinkelmilch zusammen mit dem Wasser in einen Topf und bringen Sie diese zum Kochen. Dann streuen Sie den Grieß hinein und verrühren die Zutaten zu einer homogenen Masse.

2 Im nächsten Schritt geben Sie die Kokosflocken und die Marillen dazu.

3 Waschen, schneiden und putzen Sie den Apfel. Dann zerkleinern Sie ihn in mundgerechte Stücke und geben ihn ebenfalls zum Grieß hinzu.

4 Lassen Sie im nächsten Schritt alle Zutaten für eine Dauer von fünf Minuten köcheln. Nutzen Sie hierzu eine geringe Wärmezufuhr. Sollte die Masse zu fest werden, können Sie noch etwas Milch hinzugeben. Sollte die Masse zu flüssig sein, können Sie noch etwas Grieß ergänzen.

5 Anschließend rühren Sie das Mandelmus ein und würzen mit Zimt und Kardamom. Nach Bedarf können Sie dann vor dem Servieren nachsüßen.

Tipp: Zimt regt die Verdauung an und kann die Stimmung erhellen.

SÜßER COUSCOUS MIT PFLAUMEN

4 Port.

15 Min.

Leicht

Zutaten

600 ml Wasser
300 ml Hafermilch
1 EL Kokosflocken
1 Prise Kardamom
5 Pflaumen
4 Dörrpflaumen
250 g Couscous
etwas Mandelmus

Zum Verzieren:
etwas Mandelsplitter

Nährwerte p. P.

342 kcal
59 g Kohlenhydrate
3 g Fett
8 g Eiweiß

1 Kochen Sie das Wasser zusammen mit der Hafermilch und den Kokosflocken auf. Würzen Sie die Masse mit Kardamom.

2 Zerkleinern Sie die Pflaumen sowie die Dörrpflaumen. Dann geben Sie den Couscous in die kochende Wasser-Hafermilch-Mischung. Schalten Sie den Herd im Anschluss ab.

3 Im nächsten Schritt geben Sie das Mandelmus hinzu. Dann können Sie servieren. Zum Verzieren können Sie den Couscous mit Mandelsplittern bestreuen.

Tipp: Da Couscous nur sehr kurz ziehen muss, ist das Gericht schnell zubereitet. Innerhalb des Körpers sorgt er dafür, dass die Körpersäfte produziert werden. Frische Pflaumen hingegen regulieren den Energiehaushalt und können beispielsweise bei Menstruationsbeschwerden oder Reizbarkeit helfen.

POLENTA MIT MANDELN

2 Port. 25 Min. Leicht

Zutaten

4 EL Polenta (Maisgrieß)
2 EL Mandelmus
2 EL Mandeln
½ Mango
1 TL Chiasamen
200 ml Mandelmilch

Nährwerte p. P.

412 kcal
27 g Kohlenhydrate
25 g Fett
13 g Eiweiß

1 Erwärmen Sie den Maisgrieß in der Mandelmilch. Dann geben Sie die Chiasamen hinzu.

2 Waschen Sie die Mango und befreien Sie diese von ihrer Schale und ihrem Kern. Schneiden Sie das Fruchtfleisch in Würfeln heraus.

3 Sobald sich aus dieser Masse unter ständigem Rühren eine klebrige Masse entwickelt hat, geben Sie das Mandelmus hinzu und rühren es ein.

4 Nach Ablauf der Kochzeit geben Sie die Polenta in eine Schale. Dann hacken Sie die Mandeln grob und geben diese darüber.

5 Zuletzt geben Sie die Mango hinzu und servieren.

Tipp: Dieses Frühstück eignet sich für alle, die lieber mit einem kräftigen Geschmack in den Tag starten.

CASHEW-REIS MIT AVOCADO

2 Port. 45 Min. Leicht

Zutaten

200 g Basmatireis
Wasser
Je 1 Prise Kardamom und Salz
etwas Butter
1 Avocado
1 Spritzer Zitrone
1 Handvoll Cashewkerne
etwas Olivenöl
einige Kräuter
etwas gemahlener Koriander und Kurkuma

Nährwerte p. P.

617 kcal
60 g Kohlenhydrate
24 g Fett
8 g Eiweiß

1 Waschen Sie den Reis zunächst in kaltem Wasser. Im Anschluss kochen Sie ihn in frischem Wasser auf.

2 Geben Sie den Koriander, Kurkuma sowie eine Prise Kardamom hinzu. Kochen Sie den Reis mit den Gewürzen für eine Dauer von 15 Minuten. Wählen Sie hierzu eine geringe Hitzezufuhr.

3 Im nächsten Schritt salzen Sie den Reis nach Ende der Zubereitungszeit und geben etwas Butter hinzu.

4 Lösen Sie dann das Fleisch der Avocado nach dem Zerteilen heraus und schneiden Sie dieses in mundgerechte Stücke. Dann würzen Sie es mit Olivenöl, Kräutern und Zitrone sowie etwas Salz.

5 Im nächsten Schritt vermischen Sie den Reis mit der gewürzten Avocado und geben eine Handvoll Cashewkerne hinzu, bevor Sie den Reis servieren.

Tipp: Wenn Sie eine Avocado kaufen, sollten Sie darauf achten, dass sie etwas weich ist. Hierzu können Sie mit dem Finger den Test machen. Drücken Sie die Schale leicht ein, um ihre Festigkeit zu überprüfen.
Wenn Sie ein Reisgericht kochen, können Sie eine größere Menge zubereiten und die Reste im Kühlschrank aufbewahren. So ist Ihr Avocado-Reis auch an Tagen mit wenig Zeit schnell zubereitet.
In Ihrem Körper sorgt der Reis dafür, dass die Verdauung gestärkt wird. Die Avocado hingegen kühlt und baut den Energiefluss des Yin auf. Cashewkerne sorgen dafür, dass Ihr Darm befeuchtet wird und Sie zu mehr innerlicher Ruhe gelangen.

HÜTTENKÄSE MIT CRUNCH

2 Port.

10 Min.

Leicht

Zutaten

75 g kernige Haferflocken
30 g gehackte Mandelkerne
1 Prise Salz
200 g Hüttenkäse
150 g griechischer Joghurt
1 Apfel
10 g Ingwerwurzel
½ TL gemahlener Kardamom
½ TL Zimt
1 EL Honig

Nährwerte p. P.

486 kcal
46 g Kohlenhydrate
22 g Fett
24 g Eiweiß

1 Vermischen Sie die Haferflocken mit den Mandeln und dem Salz und rösten Sie die Mischung bei mittlerer Hitzezufuhr an. Sobald die Mischung zu duften beginnt, können Sie sie aus der Pfanne entnehmen. Achten Sie darauf, dass Sie gelegentlich umrühren.

2 In einer weiteren Schüssel vermischen Sie den Hüttenkäse mit dem griechischen Joghurt und teilen die Mischung auf zwei Teller auf.

3 Waschen Sie den Apfel auf und entkernen Sie ihn. Dann wird er in schmale Stifte zerteilt.

4 Schälen Sie den Ingwer und reiben Sie ihn fein. Anschließend vermischen Sie den Haferflocken-Crunch mit dem Ingwer, dem Kardamom sowie dem Zimt und verteilen diese Zutaten zusammen mit den Apfelstiften auf dem Hüttenkäse.

5 Im letzten Schritt wird die Masse mit etwas Honig beträufelt und serviert.

Tipp: Der Verzehr von Äpfeln wirkt sich positiv auf den Energiefluss der Milz und des Magens aus. Zudem hilft er dabei, die Bildung der Körpersäfte zu unterstützen. Darüber hinaus hilft der Verzehr von Äpfeln dabei, Schlacken aus dem Körper auszuleiten. Für die Behandlung werden Äpfel in der TCM außerdem für die Behandlung von trockenem Husten, Reizhusten, Verstopfung und Unruhe eingesetzt.

PANCAKES AUS BANANEN

 4 Port.
 40 Min.
 Leicht

Zutaten

250 g Mehl
1 TL Backpulver (oder alternativ Weinsteinpulver)
140 ml Milch
1 Packung Vanillezucker
3 Eier (Größe M)

Zum Braten:
etwas Öl

Zum Verzieren:
etwas Ahornsirup
etwas Banane

Nährwerte p. P.

376 kcal
70 g Kohlenhydrate
5 g Fett
13 g Eiweiß

1 Zerdrücken Sie drei Bananen mit einer Gabel und geben Sie die restlichen Zutaten für den Teig hinzu. Dann vermischen Sie alles zu einer homogenen Masse.

2 Erhitzen Sie in einer Pfanne etwas Öl und geben Sie Schritt für Schritt den Teig zum Ausbraten hinein. Braten Sie die Pancakes von jeder Seite für eine Zeit von etwa einer Minute an.

3 Zum Servieren können Sie die Pancakes mit Banane und Ahornsirup verzieren.

Tipp: Ahornsirup wird innerhalb der Traditionellen Chinesischen Medizin für die Entgiftung eingesetzt. Er stärkt das Blut und befeuchtet die Lunge. Für die Behandlung findet er daher bei trockenem Husten, Stimmverlust, Erkältungen, leichten Infekten sowie Eisenmangel und Diabetes Anwendung.

FRENCH TOAST MIT SCHOKOLADE

2 Port.

25 Min.

Leicht

Zutaten

4 Scheiben Toast
50 ml pflanzliche Milch (oder eine Alternative)
2 EL Leinmehl
3 EL Wasser
1 EL Kakaopulver
2 TL Zucker
1 Messerspitze Vanille
etwas Milch

Nährwerte p. P.

193 kcal
20 g Kohlenhydrate
25 g Fett
13 g Eiweiß

1 Heizen Sie den Ofen auf 180 °C bei Ober- und Unterhitze (oder alternativ bei 160 °C Umluft) vor. Vermischen Sie das Leinmehl mit dem Wasser und lassen Sie es kurz quellen. Nach Ablauf der Zeit werden die pflanzliche Milch, der Kakao, der Zucker sowie die Vanille hinzugegeben.

2 Nun werden die Zutaten gut miteinander verquirlt. Bestreichen Sie im Anschluss die Toastscheiben mit dem Schokoladenaufstrich und klappen Sie diese zusammen.

3 In die eingangs hergestellte Mischung tauchen Sie die bestrichenen Toastscheiben ein. Im Anschluss werden die Toastscheiben auf ein Backpapier gegeben und im Ofen für eine Dauer von 15 Minuten ausgebacken. Nach der Hälfte der Backzeit wenden Sie die Toasts. Nach Ablauf der Backzeit können Sie diese servieren.

Tipp: Leinsamen befeuchten den Darm. Sie wirken sich positiv auf den Funktionskreis von Magen, Nieren und Lunge aus. Sie hemmen Entzündungen und schützen das Herz. Darüber hinaus unterstützen sie den Aufbau der Darmflora und senken den Cholesterinspiegel. Innerhalb der TCM werden sie daher für Beschwerden wie chronischer Verstopfung, Magenschmerzen, Menstruationsbeschwerden, für die Krebsprophylaxe sowie bei Zahnfleischbluten eingesetzt.

Salate

GRIECHISCHER NUDELSALAT

4 Port.

2 Std.
25 Min.

Mittel

Zutaten

220 g Spiralnudeln
180 g Schafskäse
1 Salatgurke
10 Cocktailtomaten
1 Paprika, rot
6 Oliven
1 Zwiebel
1 EL Dill
1 EL Olivenöl
1 EL Weißweinessig
1 Knoblauchzehe
Je 1 Prise Pfeffer und Salz

Nährwerte p. P.

407 kcal
48 g Kohlenhydrate
15 g Fett
16 g Eiweiß

1 Kochen Sie zunächst in einem Topf die Nudeln nach Packungsanleitung. Schälen Sie, während die Nudeln kochen, die Gurke und schneiden Sie diese in Scheiben.

2 Waschen Sie die Cocktailtomaten und vierteln Sie diese. Dann putzen Sie die Paprika und zerteilen Sie in kleine Würfel. Die Zwiebel schälen Sie und schneiden Sie in kleine Ringe.

3 Geben Sie die vorbereiteten Zutaten im nächsten Schritt zusammen in eine Schüssel.

4 Bröseln Sie den Schafskäse über die Zutaten und geben Sie die Oliven hinzu. Schrecken Sie die Nudeln nach Ablauf der Kochzeit ab und geben Sie diese zu dem Gemüse. Dann ergänzen Sie den Dill und pressen den Knoblauch hinein.

5 In einer separaten Schale vermischen Sie die Vinaigrette für den Salat. Hierzu verrühren Sie das Olivenöl, den Essig, das Salz und den Pfeffer mit etwas Wasser und geben die Mischung über die Nudeln.

6 Verrühren Sie alle Zutaten gut miteinander und lassen Sie alles für eine Dauer von ein bis zwei Stunden durchziehen, bevor Sie den Salat servieren.

Tipp: Den Nudelsalat können Sie für den Verzehr am Tag vorher vorbereiten. So haben die Zutaten die Möglichkeit, ihre Aromen gut miteinander zu vermischen.

BUDDHA-BOWL NACH TCM

2 Port. 45 Min. Mittel

Zutaten

125 g Getreide (wahlweise Hirse, Quinoa, Buchweizen)
1 Knolle Rote Bete, vorgegart
1 Zucchini
1 große Möhre
3 Frühlingszwiebeln
1 Avocado
3 EL Olivenöl
2 EL gerösteter Sesam
1 Glas Kichererbsen
200 g fermentierter Tofu
½ Bund Petersilie
⅓ Kopfsalat
⅓ Radicchio

Für das Dressing:
3 EL Himbeeressig
5 bis 6 EL Walnussöl
2 EL Kräuter
Je 1 Prise Salz und Pfeffer

Nährwerte p. P.

1292 kcal
75 g Kohlenhydrate
92 g Fett
44 g Eiweiß

1 Bereiten Sie das Getreide nach der Packungsanleitung zu. Während das Getreide gart, können Sie die Möhre und die Zucchini ebenfalls garen. Hierzu putzen Sie beides und zerteilen es in kleine Scheiben. Achten Sie hierbei darauf, dass diese die gleiche Dicke aufweisen. Im Anschluss können Sie die Zucchini und die Möhre entweder in Wasser garen oder in einer Pfanne braten.

2 Schneiden Sie die Rote Bete in mundgerechte Stücke. Hier können Sie entscheiden, ob Sie diese vor dem Verzehr nochmals erwärmen möchten oder sie kalt servieren.

3 Braten Sie den Tofu in Olivenöl kurz an, dann schneiden Sie ihn in mundgerechte Würfel.

4 Waschen und putzen Sie die Salate und zerkleinern Sie sie mit den Händen. Dann richten Sie sie in einer Schüssel an.

5 Zerteilen Sie die Avocado und lösen Sie das Fruchtfleisch hinaus. Zerkleinern Sie die Zwiebeln und stellen Sie diese ebenfalls zur Seite.

6 Nach Ablauf der Garzeit des Gemüses geben Sie dieses ebenfalls zusammen mit dem Tofu hinzu. Dann ergänzen Sie die Kichererbsen.

7 Ergänzen Sie nun auch die restlichen Zutaten und geben Sie den gerösteten Sesam hinzu. Verfeinern können Sie mit der Petersilie.

8 Für das Dressing vermischen Sie den Essig mit dem Walnussöl und schmecken es mit einer Kräuterwürzmischung ab. Anschließend ergänzen Sie Salz und Pfeffer und servieren.

Tipp: Innerhalb der Traditionellen Chinesischen Medizin gilt die Rote Bete als Superknolle. Sie weist kühlende Tendenzen auf und nährt die Körpersäfte, sodass die Organe ihre Funktion ausführen können. Zudem weicht der Verzehr von Roter Bete den Stuhl auf, wodurch einer Verstopfung entgegengewirkt werden kann.

LAUWARMER SELLERIESALAT MIT KERNÖL

1 Port.

30 Min.

Leicht

Zutaten

1 Sellerieknolle

Für das Dressing:
4 EL milder Essig (weißer Balsamico oder Apfelessig)
3 EL Soja-Cuisine
2 bis 3 EL Kürbiskernöl
1 Prise Bockshornkleesamen (gemahlen)
1 Messerspitzen Dijon-Senf
Je 1 Prise Salz und Pfeffer
etwas Wasser

Zum Verzieren:
frischer Schnittlauch oder Kresse

Nährwerte p. P.

435 kcal
4 g Kohlenhydrate
43 g Fett
3 g Eiweiß

1 Schälen Sie den Sellerie und schneiden Sie ihn in Scheiben mit einer gleichmäßigen Dicke. Dann geben Sie ihn ins Wasser, das Sie leicht salzen. Kochen Sie ihn nur solange, dass er noch bissfest bleibt.

2 Dann lassen Sie den Sellerie auskühlen und raspeln ihn grob in feine Streifen.

3 Für die Zubereitung des Dressings geben Sie alle Zutaten in eine Schüssel und vermischen Sie zu einer homogenen Masse. Diese Masse geben Sie im Anschluss über den geraspelten Sellerie.

4 Bevor Sie den Salat servieren, lassen Sie das Dressing für eine Dauer von 10 bis 15 Minuten ziehen.

5 Verzieren Sie mit Schnittlauch oder Kresse, die Sie im Vorfeld gewaschen und zerkleinert haben, und servieren Sie den Salat.

Tipp: Sellerie sorgt in unserem Körper dafür, dass die Niere und die Leber gestärkt werden. Dies liegt nicht zuletzt daran, dass er den Aufbau der körpereigenen Säfte unterstützt. Zudem besitzt der Sellerie eine reinigende Wirkung, stärkt das Blut und senkt damit den Blutdruck. Darüber hinaus ist er bei Kopfschmerzen, Reizbarkeit, Nervosität und Akne ein innerhalb der TCM häufig verwendetes Mittel.

LAUWARMER SALAT VOM TINTENFISCH MIT PETERSILIE UND STANGENSELLERIE

6 Port.

30 Min.

Mittel

Zutaten

600 g Tintenfisch
1 TL Zucker
½ Stange Lauch (oder alternativ Frühlingszwiebel)
1 Zweig Thymian (oder alternativ Bohnenkraut)
1 Lorbeerblatt
1 TL Salz
½ Bio-Zitrone
4 bis 5 Stangen Sellerie
1 Prise Kurkuma
1 Bund Petersilie
etwas Wasser
etwas Olivenöl

Für die Marinade:
4 EL Olivenöl
1 TL Dijon-Senf
Je 1 Prise Salz und Pfeffer
3 EL Weißweinessig
Schale einer Bio-Zitrone
Saft einer Bio-Zitrone

1 Bringen Sie in einem Topf Wasser zum Kochen. Geben Sie hierzu den Zucker, das Lorbeerblatt, eine halbe Stange Lauch, den Thymian und einen Teelöffel Salz in das Wasser. Zusätzlich schneiden Sie die Zitrone in Scheiben und geben die Scheiben hinein, bevor Sie alles zum Kochen bringen.

2 Wenn das Wasser kocht, geben Sie den Tintenfisch mit einer Zange für einige Sekunden hinein. Nehmen Sie ihn dann wieder heraus. Diesen Vorgang wiederholen Sie einige Male, bis die Fangarme sich zu kräuseln beginnen. (Dieses Vorgehen soll das Ablösen der Haut beim Kochen verhindern.)

3 Im Anschluss kochen Sie den Tintenfisch für eine Dauer von 30 bis 60 Minuten (je nach Größe) zugedeckt. Nutzen Sie hierzu eine mittlere Hitzezufuhr. Während der Kochzeit können Sie mit einem scharfen Messer nach Ablauf einer halben Stunde durch Anstechen den Garpunkt überprüfen. Fühlt sich der Tintenfisch beim Anstechen noch gummiartig an, sollten Sie die Kochzeit fortsetzen.

4 Nach Ablauf der Kochzeit nehmen Sie den Tintenfisch heraus und lassen ihn

Nährwerte p. P.

238 kcal
10 g Kohlenhydrate
22 g Fett
21 g Eiweiß

abkühlen. Den Sud schütten Sie weg. Waschen Sie die Selleriestangen und schneiden Sie diese in feine Streifen.

5 Geben Sie etwas Olivenöl in eine Pfanne und braten Sie die Streifen darin scharf an. Nach einer Dauer von etwa fünf Minuten gießen Sie etwa 100 ml Wasser hinzu und würzen mit Salz und Kurkuma. Dünsten Sie den Sellerie dann weiter an.

6 Während des Aufkochens können Sie den Tintenfisch zerteilen. Die Einzelteile des Tintenfisches geben Sie dann zum Sellerie und wärmen ihn kurz auf. Im Anschluss geben Sie den Tintenfisch in eine Schüssel.

7 Für die Zubereitung der Marinade vermischen Sie alle Zutaten miteinander. Diese geben Sie dann zusammen mit dem Sellerie über den Tintenfisch und verzieren mit etwas Petersilie.

Tipp: Wenn Sie den Salat schneller zubereiten möchten, können Sie auf vorgekochten Tintenfisch zurückgreifen.
Der Verzehr von Tintenfisch stärkt Ihre Nieren und wirkt in unserem Körper kühlend. Petersiliengrün unterstützt die Stärkung der Nierenfunktion und wirkt sich ebenfalls positiv auf die Leber aus. Zudem werden die Blutbildung sowie die Harnbildung und der Verdauungsprozess angeregt. Giftstoffe können auf diese Weise leichter aus dem Körper geleitet werden.

LAUWARMER HIRSESALAT MIT ROSENKOHL

2 Port.

40 Min.

Mittel

Zutaten

120 bis 150 g Hirse, ungekocht
etwas Olivenöl
500 g Rosenkohl
2 Handvoll Spinat
1 Granatapfel
etwas Wasser
Je 1 Prise Salz und Pfeffer

Für das Dressing:
1,5 EL rote Currypaste
1 bis 2 EL Sojasauce
2 EL Limettensaft (oder alternativ Zitronensaft)
½ TL Knoblauchpulver
80 ml Wasser
Je 1 Prise Salz und Pfeffer

Nährwerte p. P.

285 kcal
49 g Kohlenhydrate
8 g Fett
11 g Eiweiß

1 Heizen Sie den Ofen auf eine Temperatur von 200 °C Ober- und Unterhitze (oder alternativ 180 °C Umluft) vor.

2 Waschen Sie den Rosenkohl und halbieren Sie diesen. Dann vermischen Sie den Rosenkohl mit zwei Esslöffeln Olivenöl und würzen mit Salz und Pfeffer. Vermischen Sie alles gut miteinander und geben Sie den Rosenkohl auf ein Blech. Dann backen Sie ihn für eine Dauer von etwa 20 bis 25 Minuten.

3 Kochen Sie im Anschluss die Hirse gemäß der Packungsanleitung auf und lassen Sie sie für eine Dauer von etwa 15 Minuten köcheln.

4 Für das Dressing vermischen Sie in der Zwischenzeit alles miteinander.

5 Geben Sie alle Zutaten in eine Schüssel und vermischen Sie diese mit dem Dressing.

Tipp: Hirse wirkt sich auf den Magen-Darm-Trakt positiv aus. Sie kann beispielsweise bei Verdauungsbeschwerden eingesetzt werden, um Linderung zu verschaffen. Zudem weist sie eine Fülle an Nährstoffen wie beispielsweise Magnesium, Eisen oder Vitamin B auf, die unser Körper für eine gesunde Funktion benötigt.

NUDELSALAT NACH TCM

4 Port.

35 Min.

Mittel

Zutaten

1 Packung Reisnudeln (etwa 375 g)
½ Gurke
2 Handvoll Tomaten
1 bis 2 rote Paprika
2 Handvoll Oliven
1 Fetakäse (oder alternativ Babymozzarella)
1 Handvoll frisches Basilikum
2 bis 3 TL schwarzer und weißer Sesam

Für das Tahini-Dressing:
¼ Tasse Tahini
½ Tasse Wasser
Saft einer Zitrone
1 TL Apfelessig
1 TL Ahornsirup
1 Knoblauchzehe (kann auch weggelassen werden)
Je 1 Prise Salz und Pfeffer

Nährwerte p. P.

508 kcal
83 g Kohlenhydrate
15 g Fett
8 g Eiweiß

1 Bereiten Sie die Nudeln nach der Packungsanleitung zu. Dann waschen Sie das Gemüse und würfeln es.

2 Im Anschluss vermischen Sie die Zutaten für das Dressing miteinander. Gießen Sie die Nudeln nach Ende der Garzeit ab und vermischen Sie diese noch warm mit den restlichen Zutaten.

3 Hacken Sie das Basilikum und heben Sie es unter die Masse. Dann bestreuen Sie den Salat vor dem Servieren mit Sesam.

Tipp: Sesam wird innerhalb der TCM bei trockenen Augen sowie trockener Haut und trockenem Husten eingesetzt. Er versorgt darüber hinaus die Haare mit gesunden Nährstoffen und beugt grauen Haaren vor. Außerdem wird Sesam für die Behandlung bei Verstopfung sowie zur Stärkung der Knochen und Zähne eingesetzt.

PETERSILIENSALAT MIT SPROSSEN

4 Port. 30 Min. Mittel

Zutaten

2 EL Sesam
2 TL Rohrzucker
4 Bund Petersiliengrün
1 Chilischote, rot
2 Schalotten
Wasser zum Blanchieren
1 Knoblauchzehe
250 g Sojasprossen
1 EL helle Sojasauce
2 EL Fischsauce
1 Zweig Zitronengras
Saft einer Limette
1 Prise Kurkuma

Zum Verzieren:
2 EL Sesam

Nährwerte p. P.

86 kcal
6 g Kohlenhydrate
4 g Fett
2 g Eiweiß

1 Zunächst wird der Sesam in einer Pfanne geröstet. Nach dem Rösten stellen Sie den Sesam beiseite. Dann entkernen Sie die Chilischote und schneiden Sie in feine Streifen.

2 Vom Zitronengras entfernen Sie die holzigen Blätter. Das Innere schneiden Sie in feine Ringe. Dann wird der Knoblauch geschält und fein gehackt. Anschließend schälen Sie die Schalotte und schneiden diese in dünne Ringe.

3 Die Sojasprossen werden im Anschluss in kochendem Wasser blanchiert. Nach dem Blanchieren werden sie mit kaltem Wasser abgeschreckt.

4 Waschen Sie das Petersiliengrün und zupfen Sie die Blätter ab.

5 Für die Zubereitung der Marinade zerstoßen Sie den Zucker, den Kurkuma sowie den Knoblauch in einem Mörser. Geben Sie den Limettensaft, die Sojasauce, die Fischsauce, die Chili, das Zitronengras und die Schalotten in eine Schüssel und vermischen Sie diese.

6 Im nächsten Schritt werden die Sojasprossen mit der Petersilie vermischt und die Marinade vor dem Servieren vorsichtig untergehoben. Abschließend bestreuen Sie den Salat mit Sesam.

Tipp: Der Salat eignet sich für die Ausleitung von Giftstoffen. Zudem befeuchtet er bei bestehender Trockenheit der Schleimhäute und füllt das Knochenmark auf.

GURKENSALAT

1 Port. 15 Min. Leicht

Zutaten

Für die Gewürzmischung der 5 Elemente:
4 Nelken
2 TL Pfeffer
1 EL Fenchelsaat
1 TL Zimtpulver (Ceylon)
2 Sternanis

Für den Salat:
½ frische Chilischote
1 Salatgurke
1 Knoblauchzehe
½ TL Ingwer, frisch gerieben
2 EL Cashewkerne
eine Handvoll Koriandergrün
30 g Rohrohrzucker
½ TL der Gewürzmischung
1 Prise Salz
150 ml Weißweinessig

Nährwerte p. P.

109 kcal
20 g Kohlenhydrate
23 g Fett
5 g Eiweiß

1 Rösten Sie in einer Pfanne den Pfeffer, den Fenchel und die Nelken an. Beginnen die Gewürze zu duften, nehmen Sie diese vom Herd. Im Anschluss lassen Sie die Gewürze abkühlen.

2 Nach dem Abkühlen werden die angerösteten Gewürze zusammen mit dem Sternanis und dem Zimt in einen Mörser gegeben und pulverisiert.

3 Für die Zubereitung des Salats schneiden Sie zunächst die Chilischote nach dem Entkernen in feine Ringe. Die Gurke wird in feine Scheiben gehobelt und in eine Schüssel gegeben.

4 Zupfen Sie den Koriander ab und hacken Sie die Cashews, damit Sie diese im Anschluss in einer Pfanne ohne Öl rösten können. Sobald sie zu duften beginnen, werden sie vom Herd genommen und beiseitegestellt.

5 In einem kleinen Topf wird dann der Zucker erhitzt. Im Topf darf der Zucker köcheln, bis er zu schmelzen beginnt. Im Anschluss geben Sie den zerkleinerten Knoblauch, die Chili und den Ingwer hinzu und löschen alles mit Essig ab.

6 Abschließend geben Sie einen halben Teelöffel der vorbereiteten Gewürzmischung hinzu. Unter Rühren sorgen Sie dafür, dass sich alle Zutaten beim Aufkochen gut miteinander verbinden.

7 Zum Servieren geben Sie die Würzmischung über die Gurkenscheiben und verzieren mit Koriander und Cashewkernen.

Tipp: Der Verzehr von Salatgurken klärt das Blut. Außerdem beeinflusst er die Milz, den Magen sowie den Darm und wirkt befeuchtend in der Lunge. Darüber hinaus reinigen sie die Haut. Für Personen, die unter Flüssigkeitsansammlungen innerhalb des Körpers oder Durchfall leiden, sind sie jedoch nicht geeignet.

Suppen

DIE FÜNF ELEMENTE KRAFTSUPPE

8 Port.

4 Std.

Leicht

Zutaten

1 Huhn (etwa 300 g)
1 l Wasser
3 Möhren
1 Knolle Sellerie
1 Stange Lauch
1,5 l Wasser
1 Petersilienwurzel
2 Zwiebeln
etwas Öl
etwas Ingwer, Kurkuma
etwas Petersilie
etwas Sojasauce

Nährwerte p. P.

86 kcal
6 g Kohlenhydrate
3 g Fett
10 g Eiweiß

1 Erhitzen Sie das Wasser mit etwas Kurkuma und dem Huhn in einem Topf. Nach dem Aufkochen lassen Sie das Huhn für weitere zehn Minuten köcheln. Dann gießen Sie das Wasser ab und waschen das Fleisch mit heißem Wasser ab.

2 Schälen Sie die Zwiebeln und zerkleinern Sie diese. Verfahren Sie mit den Möhren ebenso. Zerkleinern Sie den Sellerie sowie die Petersilienwurzel grob.

3 In einem weiteren Topf erhitzen Sie etwas Öl und braten die Zwiebeln darin an. Nachdem die Zwiebeln glasig sind, geben Sie die Möhren, den Sellerie und die Petersilienwurzel hinzu.

4 Braten Sie die Zutaten grob an und putzen Sie währenddessen den Lauch. Zerkleinern Sie ihn. Schälen Sie den Ingwer und hacken Sie ihn in grobe Stücke. Dann geben Sie den Ingwer zusammen mit dem Lauch zu den anderen Zutaten und braten alles für einige Minuten weiter an.

5 Im Anschluss geben Sie 1,5 Liter Wasser hinzu und würzen die Masse mit Sojasauce. Verrühren Sie alles gut miteinander.

6 Im nächsten Schritt geben Sie das Huhn und die gewaschene Petersilie hinzu. Dann füllen Sie den Topf mit heißem Wasser, sodass alle Zutaten mit Wasser bedeckt sind. Die Zutaten lassen Sie anschließend für eine Dauer von 1,5 Stunden köcheln.

7 Nach Ablauf der Kochzeit entnehmen Sie das Huhn und häuten es. Das Fleisch lösen Sie ab und stellen es beiseite. Die Karkasse und die Haut geben Sie zurück in den Topf und lassen alles für weitere ein bis zwei Stunden kochen.

8 Danach schütten Sie die Suppe ab, verfeinern Sie mit Sojasauce und geben das Fleisch, die Möhren sowie die Selleriestücke hinzu.

Tipp: Diese Suppe eignet sich vor allem für den Verzehr bei Erschöpfung, Antriebslosigkeit sowie zur Stärkung des Immunsystems oder bei Krankheit. Kaltgestellt können Sie das Gericht für eine Dauer von drei bis vier Tagen aufbewahren.

PIKANTE ASIASUPPE

6 Port.

4 Std. 20 Min.

Mittel

Zutaten

1 l Kraftsuppe (siehe vorheriges Rezept)
1 Paprika, rot
2 bis 3 Möhren
1 Peperoni
4 bis 5 rote Zwiebeln
100 g Hühnerfleisch (sofern noch nicht in der Kraftsuppe enthalten)
200 g Tofu
200 g Shiitakepilze
½ Bund Koriander
2 Knoblauchzehen
etwas Chili
2 EL Sesamöl
2 EL Austernöl
2 EL Weinessig
3 bis 4 EL Sojasauce
1 Handvoll Erbsen, gefroren
Reisnudeln (oder alternativ Konjaknudeln)

Zum Abschmecken:
1 EL Sesamöl
1 TL Konjakmehl (oder eine Alternative zum Binden)
Petersilie nach Belieben

Nährwerte p. P.

199 kcal
11 g Kohlenhydrate
4 g Fett
14 g Eiweiß

1 Schneiden Sie die Paprika nach dem Waschen in kleine Würfel. Waschen Sie im Anschluss die Pilze und putzen Sie diese. Dann zerkleinern Sie auch diese.

2 Ziehen Sie die Zwiebeln ab und schneiden Sie sie in feine Würfel. Schälen Sie die Möhren und zerkleinern Sie auch diese.

3 Würfeln Sie den Tofu und hacken Sie den Knoblauch nach dem Schälen. Waschen Sie die Peperoni und schneiden Sie diese klein.

4 Nehmen Sie das Hühnerfleisch von der Zubereitung der Kraftsuppe und schneiden Sie dieses in mundgerechte Stücke. Waschen Sie Koriander und Petersilie und hacken Sie sie fein.

5 Erhitzen Sie das Sesamöl in einem Topf und geben Sie den Knoblauch nach dem Aufheizen hinein. Rösten Sie diesen zusammen mit der Paprika und den Möhren sowie der Peperoni und gießen Sie die Zutaten im Anschluss mit der Kraftsuppe auf.

6 Im Anschluss geben Sie Chili, das Austernöl, den Essig, einen Esslöffel Sesamöl und die Sojasauce hinzu und schmecken die Suppe ab.

7 Nach dem Abschmecken können Sie die Erbsen hinzugeben und die Suppe mit Hilfe des Konjakmehls binden. Geben Sie dieses vorsichtig hinein, damit es nicht klumpen kann. Im Anschluss lassen Sie die Suppe erneut aufkochen.

8 Im letzten Schritt geben Sie die restlichen Zutaten (Pilze, Tofu und Zwiebeln) hinzu. Je nach Geschmack können Sie die Suppe dann erneut mit Sojasauce abschmecken. Anschließend lassen Sie die Suppe bei einer niedrigen Hitzezufuhr für wenige Minuten erneut aufkochen.

9 Je nach Geschmack können Sie die Suppe nun um Reisnudeln ergänzen und sie erneut aufkochen, bis diese gar sind.

Tipp: Shiitake-Pilze gelten als hochwertige Eiweißlieferanten und versorgen unseren Körper mit Energie. Aus diesem Grund gilt der Shiitake-Pilz auch als der König unter den Heilpilzen.

HAFERSUPPE

2 Port. 30 Min. Leicht

Zutaten

1 EL Olivenöl
1 Bund Frühlingszwiebeln
2 Möhren
2 Handvoll Grünkohl
8 EL Haferflocken
1 l Gemüsebrühe
Je 1 Prise Salz und Pfeffer
etwas Koriander
etwas Petersilie

Nährwerte p. P.

304 kcal
42 g Kohlenhydrate
11 g Fett
10 g Eiweiß

1 Zerteilen Sie die Frühlingszwiebeln und geben Sie etwas Olivenöl in einen Topf. Dieses erhitzen Sie.

2 Schälen Sie die Möhren und zerkleinern Sie diese ebenfalls. Achten Sie darauf, dass sie etwa die gleiche Größe haben, damit sich der Garpunkt nicht unterscheidet.

3 Im Anschluss geben Sie die Haferflocken sowie die Möhren hinzu und schwitzen die Zutaten kurz miteinander an.

4 Im nächsten Schritt löschen Sie die Masse mit der Gemüsebrühe ab und lassen sie für eine Dauer von 15 Minuten köcheln.

5 Schmecken Sie die Suppe mit Salz und Pfeffer ab und geben Sie die Suppe in Schalen. Dann verzieren Sie mit Koriander und Petersilie.

Tipp: Wenn Sie zu den Menschen gehören, die gerne Fleisch konsumieren, können Sie zu den Zwiebeln etwas Rohschinken in Würfeln geben und diesen mit anschwitzen. Das Gemüse können Sie nach Belieben (und Saison) austauschen.

KARTOFFEL-KOHLRABI-CREMESUPPE

4 Port.

35 Min.

Leicht

Zutaten

2 große Kohlrabi (etwa 200 g)
4 bis 5 große Kartoffeln
1 Zwiebel
½ Päckchen Hafersahne
Gemüsebrühe zum Auffüllen

Zum Abschmecken:
etwas Schnittlauch, Petersilie, Rosmarin und Liebstöckel
etwas Kümmel
etwas Sojasauce
Je 1 Prise Salz und Pfeffer

Nährwerte p. P.

138 kcal
24 g Kohlenhydrate
1 g Fett
3 g Eiweiß

1 Schälen und zerkleinern Sie die Zwiebel und schwitzen Sie sie in etwas Öl an. Waschen und putzen Sie den Kohlrabi und schneiden Sie ihn klein.

2 Schälen Sie die Kartoffeln und würfeln Sie diese ebenfalls. Waschen Sie den Schnittlauch und schneiden Sie ihn in feine Röllchen. Hacken Sie die Petersilie.

3 Geben Sie das zerkleinerte Gemüse zusammen mit den Kräutern zu der Zwiebel und braten Sie es kurz mit an. Füllen Sie die Masse im Anschluss mit Gemüsebrühe auf. Achten Sie dabei darauf, dass alle Zutaten mit Brühe bedeckt sind.

4 Würzen Sie die Suppe im Anschluss mit Sojasauce, Kümmel, Liebstöckel und Rosmarin. Dann kochen Sie die Suppe für eine Dauer von etwa 20 Minuten. Nutzen Sie hierzu eine mittlere Temperatur.

5 Nach Ablauf der Kochzeit entnehmen Sie etwa die Hälfte des Kochwassers und pürieren das Gemüse. Hierzu können Sie sowohl einen Standmixer als auch einen Pürierstab nutzen.

6 Nach dem Pürieren geben Sie die Hafersahne hinzu und kochen die Suppe erneut auf. Sollte die Suppe nach dem Aufkochen zu dick sein, können Sie diese mit etwas Kochwasser anreichern.

7 Im letzten Schritt schmecken Sie alles mit Salz und Pfeffer ab und servieren die Suppe zusammen mit den Kräutern.

Tipp: Kohlrabi zählt bei den Elementen zu den Metallelementen. Er weist einen leicht scharfen Geschmack auf und sorgt dafür, dass unsere Energie in unserem Körper fließen kann. Er stärkt beim Verzehr daher unser Immunsystem und hält Krankheitserreger ab.

SUPPE AUS SÜẞKARTOFFELN

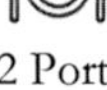

2 Port. 25 Min. Leicht

Zutaten

1 Prise Kurkuma
125 ml Kokosmilch
etwas frischer Ingwer (nach Geschmack)
250 ml Wasser
3 mittelgroße Süßkartoffeln
1 Prise Salz
Saft einer ½ Zitrone
etwas Kokosfett
etwas Kreuzkümmel

Nährwerte p. P.

245 kcal
21 g Kohlenhydrate
17 g Fett
2 g Eiweiß

1 Erhitzen Sie etwas Kokosfett in einem Topf. Schälen und schneiden Sie währenddessen den Ingwer klein und geben Sie ihn in das Kokosfett. Braten Sie ihn kurz an. Gießen Sie ihn dann mit dem Wasser auf und lassen Sie ihn aufkochen.

2 Schälen Sie die Süßkartoffeln und zerkleinern Sie diese in 2 bis 3 cm große Stücke. Dann geben Sie diese hinzu und kochen sie mit auf.

3 Reduzieren Sie nun die Hitzezufuhr und kochen Sie die Süßkartoffeln für eine Dauer von etwa acht Minuten weich. Den Garpunkt der Süßkartoffeln können Sie durch das Hineinstechen mit einer Gabel überprüfen.

4 Im Anschluss rühren Sie das Kurkumapulver, die Kokosmilch und den Kreuzkümmel hinein.

5 Kochen Sie die Zutaten erneut auf und salzen Sie diese. Anschließend geben Sie den Zitronensaft und die Gewürze (nach Geschmack) hinzu.

6 Im letzten Schritt pürieren Sie die Suppe zu einer cremigen Masse und servieren sie. Hierzu können Sie sowohl einen Pürierstab als auch einen Standmixer verwenden.

Tipp: Süßkartoffeln tragen zu einer gesunden Verdauung bei und helfen dem Blut, sich zu regenerieren. Innerhalb der Traditionellen Chinesischen Medizin unterstützt sie bei Bluthochdruck, Kurzatmigkeit, trockener Haut und Schleimhäuten sowie bei Verstopfung. Kokosmilch unterstützt die Körpersäfte.

PASTINAKENSUPPE MIT BIRNE

4 Port. 40 Min. Leicht

Zutaten

300 g Pastinaken
300 g Kartoffeln
2 Birnen
1 Zwiebel
1 TL gehackter Ingwer
300 ml Wasser
1 EL Öl
1 EL Sesamöl
1 TL Currypulver
Je 1 Prise Salz und Pfeffer

Nährwerte p. P.

240 kcal
45 g Kohlenhydrate
4 g Fett
3 g Eiweiß

1 Zunächst werden die Pastinaken, die Kartoffeln, die Birnen und die Zwiebel geschält. Dann entkernen Sie die Birnen und schneiden alle Zutaten in grobe Stücke.

2 In einem Topf erhitzen Sie etwas Öl und geben die Zwiebel zum Anbraten hinein. Außerdem ergänzen Sie den Ingwer und braten ihn kurz mit an.

3 Geben Sie das restliche Gemüse und die Birnen hinzu und braten Sie es ebenfalls für die Dauer von einer Minute an. Anschließend wird mit Wasser abgelöscht. Achten Sie darauf, dass das Gemüse vollständig bedeckt ist.

4 Kochen Sie die Suppe kurz auf und lassen Sie sie dann für eine Dauer von 20 Minuten köcheln. Im nächsten Schritt wird die Suppe vom Herd genommen und mit dem Pürierstab zerkleinert. Abschmecken können Sie mit Salz, Pfeffer und Curry.

5 Vor dem Servieren geben Sie etwas Sesamöl in die Suppe.

Tipp: Pastinaken unterstützen bei Problemen mit der Verdauung. So werden sie beispielsweise bei Verstopfung sowie zur Stärkung der Abwehrkräfte eingesetzt.

SUPPE VON DIVERSEM GEMÜSE

4 Port.

55 Min.

Leicht

Zutaten

5 Kartoffeln
3 Möhren
3 Stangen Sellerie
1 Stange Lauch
1 rote Paprika
1 Zwiebel
2 Knoblauchzehen
100 g TK-Erbsen
3 EL Tomatenmark
1 l Wasser
½ l Gemüsebrühe
3 EL Butter
Je 1 Prise Salz und Pfeffer

Nährwerte p. P.

307 kcal
41 g Kohlenhydrate
10 g Fett
6 g Eiweiß

1 Schälen Sie die Kartoffeln und würfeln Sie diese. Im Anschluss werden die Zwiebel und der Knoblauch geschält und kleingeschnitten.

2 Geben Sie die Butter in einen Topf und zerlassen Sie diese darin. Braten Sie die Zwiebel und den Knoblauch darin an und geben Sie ein Drittel der Kartoffeln hinzu. Gießen Sie dann mit Wasser auf und lassen Sie die Masse für eine Dauer von zehn Minuten kochen.

3 Während die Zutaten köcheln, schälen Sie das restliche Gemüse, waschen und schneiden es ebenfalls in kleine Stücke. Nach dem Kochen der Kartoffeln zerkleinern Sie diese mit dem Pürierstab zu einer sämigen Konsistenz.

4 Dann werden die Möhren, der Sellerie, der Lauch und die restlichen Kartoffeln hinzugegeben. Ergänzen Sie das Tomatenmark und die Gemüsebrühe und kochen Sie alle Zutaten für eine Dauer von 30 Minuten ein.

5 Etwa zehn Minuten vor Ablauf der Kochzeit geben Sie die Paprika hinzu. Weitere drei bis vier Minuten vor Ende der Kochzeit geben Sie die Erbsen hinzu und schmecken die Suppe mit Salz und Pfeffer ab.

6 Vor dem Servieren lassen Sie die Suppe für eine Dauer von zehn Minuten ziehen.

Tipp: Sellerie wird im Rahmen der Traditionellen Chinesischen Medizin für die Behandlung von rheumatischen Beschwerden eingesetzt. Zudem gilt er als Mittel gegen Blutdruckerhöhungen und für die Behandlung von Verdauungsstörungen als besonders effizient. Außerdem wird er für die Behandlung von neurologischen Altersbeschwerden eingesetzt.

MÖHRENSUPPE – DIE 5 ELEMENTE

8 Port. 35 Min. Mittel

Zutaten

200 g Zwiebeln
300 g Kartoffeln, mehlig
600 g Möhren
1 EL Kokosfett
1,5 l Wasser
1 Messerspitze Kurkuma
1 TL Kümmel
7 EL Kokosmilch
Je 2 EL Schnittlauch, Petersilie, Kerbel und Basilikum
Je 1 Prise Salz Pfeffer und Safran
etwas Radieschensprossen (nach Belieben, kann auch weggelassen werden)

Nährwerte p. P.

121 kcal
17 g Kohlenhydrate
3 g Fett
2 g Eiweiß

1 Erhitzen Sie das Kokosfett und hacken Sie die Zwiebeln. Geben Sie diese zusammen mit dem Kümmel in das Kokosfett und braten Sie beides kurz an. Schälen und würfeln Sie die Möhren und geben Sie sie zusammen mit den geschälten und zerkleinerten Kartoffeln hinzu. Anschließend wird mit heißem Wasser aufgegossen.

2 Kochen Sie die Suppe bei mittlerer Hitze auf und decken Sie sie im Anschluss zu. Dann die Suppe für eine Dauer von zehn Minuten köcheln lassen.

3 Pürieren Sie die Zutaten und geben Sie die Kokosmilch hinzu. Sollte die Suppe nicht die gewünschte Konsistenz haben, können Sie mehr Wasser hineinrühren, um die Suppe zu verdünnen. Hacken Sie die Kräuter fein.

4 Schmecken Sie im letzten Schritt die Suppe mit Safran, Salz und Pfeffer ab und geben Sie die feingehackten Kräuter darunter. Dann wird die Suppe erneut aufgekocht.

5 Vor dem Servieren wird die Suppe mit den Radieschensprossen bestreut.

Tipp: Kokos stärkt im Rahmen der TCM die Funktionen der Milz und des Magens. Auf diese Weise unterstützt die Kokosmilch den Körper dabei, die Bildung der Körpersäfte zu stärken und überschüssiges Wasser auszuleiten.

Hauptgerichte mit Fleisch und Geflügel

GEFÜLLTE CHAMPIGNONS

4 Port. 50 Min. Leicht

Zutaten

8 Champignons
1 Zwiebel
1 Prise Thymian
1 EL Öl
150 g Wurst
1 EL Senf
100 g geriebener Käse
125 ml Gemüsebrühe
Je 1 Prise Salz und Pfeffer

Nährwerte p. P.

202 kcal
3 g Kohlenhydrate
14 g Fett
17 g Eiweiß

1 Putzen Sie die Pilze und säubern Sie diese ausreichend. Drehen Sie die Stiele heraus und hacken Sie diese in feine Würfel. Schälen Sie die Zwiebel und schneiden Sie die Zwiebel in feine Stücke.

2 Waschen Sie im Anschluss den Thymian und zupfen Sie die Blätter ab.

3 Erhitzen Sie etwas Öl und geben Sie die Zwiebel zum Andünsten hinein. Schneiden Sie die Wurst in Würfel und geben Sie sie zusammen mit den Pilzwürfeln dazu. Dünsten Sie diese Zutaten so lange an, bis das Wasser vollständig verdampft ist.

4 Nehmen Sie im Anschluss die Pfanne vom Kochfeld und geben Sie Senf und Thymian hinzu. Dann vermischen Sie alle Zutaten miteinander und würzen alles.

5 Heizen Sie den Backofen auf 200 °C Ober- und Unterhitze vor (oder alternativ bei 180 °C Umluft).

6 Würzen Sie die Pilze und befüllen Sie diese im Anschluss mit der Masse. Dann platzieren Sie die Pilze in einer Auflaufform und bestreuen sie mit dem Käse.

7 Bevor Sie die Auflaufform in den Ofen geben, füllen Sie die Brühe hinein. Dann geben Sie die Pilze in den Ofen und backen sie für eine Dauer von 20 bis 25 Minuten.

8 Vor dem Servieren bestreuen Sie die Pilze nach Ablauf der Backzeit mit Thymian.

Tipp: Champignons werden vor allem bei Verdauungsproblemen und Hautunreinheiten eingesetzt. Zudem sind sie gegen Müdigkeit und Antriebslosigkeit hilfreich. Darüber hinaus finden sie Anwendung bei erhöhten Blutfettwerten sowie Übergewicht und als Prophylaxe gegen Krebs.

STEINPILZ-REIS-CONGEE

2 Port. 6 Std. Mittel

Zutaten

100 g getrocknete Steinpilze
250 ml Kraftsuppe (siehe entsprechendes Rezept)
100 g Langkornreis
100 g Hähnchenfleisch
1 Scheibe Ingwer
600 ml Wasser
1 Algenblatt
etwas Weißwein
1 Prise Salz
½ Bund Petersilie
1 Zweig Thymian
etwas Öl

Nährwerte p. P.

289 kcal
43 g Kohlenhydrate
2 g Fett
8 g Eiweiß

1 Bringen Sie im Wasser den Reis zum Kochen. Nach Ablauf der Kochzeit lassen Sie den Reis bei einer geringen Wärmezufuhr für eine Dauer von vier bis fünf Stunden mit zugedecktem Deckel zu einem Brei zerkochen.

2 Im Anschluss geben Sie etwas Kraftsuppe zum Reisbrei und bringen diesen zusammen mit dem Algenblatt zum Kochen. Geben Sie etwas Weißwein dazu und zerkleinern Sie die Petersilie. Streuen Sie etwa die Hälfte der Petersilie hinein.

3 Zerkleinern Sie das Hähnchenfleisch und braten Sie es in einer Pfanne in etwas Öl an an. Dann stellen Sie es zur Seite.

4 Fügen Sie im nächsten Schritt den Ingwer zum Brei. Je nach Geschmack können Sie die Masse nun mit Salz abschmecken. Geben Sie das Hähnchenfleisch darunter und vermischen Sie alle Zutaten gut miteinander.

5 Anschließend füllen Sie den Brei in Schüsseln und verzieren ihn vor dem Servieren mit Petersilie.

Tipp: Wahlweise kann das Rezept auch mit anderen Pilzen zubereitet werden. Besonders hilfreich ist diese Speise zur Stärkung des Energiekreislaufes sowie für die Anregung der Körpersäfte. Außerdem wird sie nach Krankheit empfohlen und bei bestehenden Verdauungsproblemen. Darüber hinaus kann dieses Gericht als warmes Frühstück verspeist werden.
Der Reisbrei kann von Ihnen für eine Dauer von bis zu einer Woche im Kühlschrank aufbewahrt werden, wenn Sie diesen in ein Schraubglas packen.

HÄHNCHEN MIT PANIERTEN SELLERIESCHEIBEN IN TOMATENKOMPOTT

4 Port. 45 Min. Leicht

Zutaten

1 Sellerieknolle
½ Zitrone
2 Eier (Größe M)
4 EL Mehl
300 g Hähnchenfleisch
2 EL Butterschmalz (oder alternativ Öl)
etwas Paniermehl
Je 1 Prise Salz und Pfeffer

Für das Tomatenkompott:
6 bis 8 reife Tomaten
2 Zwiebeln (oder alternativ Schalotten)
1 EL Olivenöl
2 Zweige Thymian
2 Lorbeerblätter
2 Nelken
1 Zweig Rosmarin
Je 1 Prise Salz, Pfeffer und Zucker

Nährwerte p. P.

338 kcal
28 g Kohlenhydrate
12 g Fett
23 g Eiweiß

1 Schälen Sie den Sellerie und schneiden Sie diesen in etwa 1 cm dicke Scheiben. Reiben Sie die Scheiben mit der Zitrone ein und geben Sie diese in leicht gesalzenes und kochendes Wasser. Lassen Sie die Scheiben hier etwa für eine Dauer von 5 bis 10 Minuten garen.

2 Entnehmen Sie den Sellerie wieder und lassen Sie ihn auf einem Küchentuch abtropfen. Während der Sellerie auskühlt, verquirlen Sie die Eier mit Salz und Pfeffer in einer Schüssel. In einen Teller geben Sie das Mehl.

3 Im nächsten Schritt wenden Sie die Selleriescheiben in Mehl und anschließend in Ei, bevor Sie die Scheiben in Paniermehl wenden. In einer Pfanne erhitzen Sie parallel das Butterschmalz. Hierin braten Sie die panierten Selleriescheiben an. Nachdem diese angebraten sind, braten Sie auch das Hähnchenfleisch darin an.

4 Für die Herstellung des Tomatenkompotts schälen Sie die Zwiebeln und hacken sie in feine Stücke. Danach schwitzen Sie diese glasig an. Waschen Sie die Tomaten und schneiden Sie sie in feine Stücke. Dann geben Sie die Tomaten zu den Zwiebeln.

5 Würzen Sie diese mit Salz, Pfeffer und etwas Zucker und lassen Sie die Zutaten für eine Dauer von 10 bis 15 Minuten köcheln. Nutzen Sie hierzu eine geringe Hitze. Zerkleinern Sie die Kräuter.

6 Nach Ablauf der Kochzeit pürieren Sie die Zutaten und verfeinern alles mit den Kräutern. Serviert wird zusammen mit dem Hähnchenfleisch und den Sellerieschnitzeln.

Tipp: Zu den Sellerieschnitzeln passt ein erfrischender Chicoréesalat. Die Tomaten passen vor allem in die warme Jahreszeit gut, da sie eine kühlende Wirkung haben. Da sie befeuchtend wirken und einen hohen Wassergehalt aufweisen, werden Tomaten im Rahmen der TCM für die Behandlung von trockenem Stuhl sowie für Verschleimungen eingesetzt.

GESUNDER REISTOPF

4 Port. 45 Min. Mittel

Zutaten

180 g Reis
1 Paprika, rot
2 Möhren
1 Zwiebel
200 g Hähnchenfleisch
1 TL Pfeffer
2 EL Gemüsebrühe
1 Bund frische Minze
½ Bund frische Petersilie
2 l heißes Wasser
1 EL Paprikapulver
etwas Öl

Nährwerte p. P.

130 kcal
25 g Kohlenhydrate
1 g Fett
5 g Eiweiß

1 Waschen, putzen und schneiden Sie die Paprika, Möhren und Zwiebel in kleine Würfel. Geben Sie etwas Öl in einen Topf und braten Sie das Gemüse darin an.

2 Bereiten Sie den Reis nach Packungsanleitung zu und braten Sie ihn im Anschluss nach Ablauf der Kochzeit mit dem Gemüse an.

3 Geben Sie das Paprikapulver darüber und ergänzen Sie etwas heißes Wasser. Daran anschließend geben Sie die Gewürze hinzu und vermischen alle Zutaten gut miteinander.

4 Legen Sie den Deckel auf und lassen Sie die Zutaten für eine Dauer von 20 bis 25 Minuten köcheln.

5 Während die Zutaten köcheln, braten Sie in einer Pfanne das Hähnchenfleisch in Ölan. Nach dem Anbraten zerkleinern Sie das Fleisch. Dieses geben Sie im Anschluss zum Reis.

6 Zerkleinern Sie im Anschluss die Kräuter.

7 Schmecken Sie ein letztes Mal mit Gewürzen ab und servieren Sie mit frischen Kräutern.

Tipp: Reis kommt innerhalb der Traditionellen Chinesischen Medizin ein besonders hoher Stellenwert zu. Er ist nicht nur leicht verdaulich, sondern stärkt die Vorgänge der Verdauung. Im Rahmen der Behandlung wird er darüber hinaus bei innerer Unruhe und emotionalen Gemütszuständen eingesetzt. Wird er als Frühstück eingesetzt, kann er über den Tag verteilt dafür sorgen, dass Heißhungerattacken ausbleiben.

CHINESISCHES HÜHNCHEN MIT ANANAS UND PAPRIKA

 4 Port.

 25 Min.

 Mittel

Zutaten

2 EL Sojasauce
1 EL Balsamico-Essig oder auch Reiswein
1 EL Erdnussöl
1 kirschgroßes Stück Ingwer
1 TL Paprikapulver, edelsüß
600 g Hühnerbrust
2 TL Vollrohrzucker
1 Prise gemahlener Kardamom
2 EL trockener Sherry
Je 1 gelbe und rote Paprika
2 Lauchzwiebeln
4 Scheiben frische Ananas (oder Dose, ungezuckert)
1 TL Speisestärke
2 EL Maiskeimöl
1 TL Sesamöl
2 EL Wasser

Nährwerte p. P.

295 kcal
12 g Kohlenhydrate
11 g Fett
45 g Eiweiß

1 Reiben Sie den Ingwer. Schneiden Sie das Hühnchen in feine Streifen. Vermischen Sie die Sojasauce mit dem Essig, dem Erdnussöl sowie dem Ingwer und dem Paprikapulver.

2 Dann marinieren Sie das Hühnchen für eine Dauer von 15 Minuten darin.

3 Anschließend vermischen Sie den Zucker, die Stärke und den Kardamom mit zwei Esslöffeln Wasser und dem Sherry und rühren die Mischung glatt. Stellen Sie diese zur Seite.

4 Waschen, putzen und zerteilen Sie die Paprika in feine Streifen. Verfahren Sie mit den Lauchzwiebeln ebenso und würfeln Sie die Ananas.

5 Geben Sie das Maiskeimöl in eine Pfanne und erhitzen Sie es. Braten Sie das marinierte Fleisch für eine Dauer von drei bis vier Minuten darin an. Nach Ende der Bratzeit füllen Sie das Fleisch zusammen mit dem entstandenen Bratensaft in ein Gefäß und stellen es zur Seite.

6 Das Sesamöl geben Sie in die Pfanne und erwärmen darin die Paprikastreifen. Braten Sie sie für eine Dauer von einer Minute und geben Sie dann die zerkleinerten Zwiebeln hinzu.

7 Nachdem auch die Zwiebeln angebraten sind, geben Sie das Fleisch zusammen mit dem Bratensaft wieder zum Gemüse hinzu.

8 Im nächsten Schritt geben Sie die Stärkemischung, nachdem Sie diese erneut verrührt haben, hinzu. Heben Sie dann die Ananaswürfel unter und erwärmen Sie alle Zutaten erneut. Dann schmecken Sie die Masse mit Paprikapulver, Sesamöl, Pfeffer und Salz nach Belieben ab.

Tipp: Als Beilage können Sie zu diesem Gericht Reis reichen.

Ananas zählt innerhalb der Traditionellen Chinesischen Medizin zum Element Erde. Sie erfrischt den Körper und sorgt dafür, dass sich die Leber entspannen kann. Zudem wirkt sich die Ananas positiv auf die Milz und den Magen aus und unterstützt diese. Eingesetzt wird sie daher bei Verdauungsblockaden sowie zur Reduktion von Gewicht, bei Schlafstörungen, Bluthochdruck, Unruhe oder Magenschleimhautentzündung.

RINDFLEISCH MIT REISNUDELN

2 Port.

30 Min.

Mittel

Zutaten

250 g Roastbeef
2 Knoblauchzehen
2 cm frischer Ingwer
1 TL Maisstärke
1 EL Sonnenblumenöl
1 rote Paprika
1 Zwiebel
3 EL Sojasauce
1 TL Honig
100 ml Gemüsebrühe
100 g Reisnudeln
Je 1 Prise Salz und Pfeffer
Wasser für die Zubereitung der Reisnudeln

Zum Panieren:
50 g Frühlingszwiebel

Nährwerte p. P.

617 kcal
65 g Kohlenhydrate
25 g Fett
34 g Eiweiß

1 Geben Sie die Reisnudeln in einen Topf mit kaltem Wasser und lassen Sie sie einweichen. Schneiden Sie das Fleisch in Streifen und geben Sie diese in eine Schüssel. Pressen Sie den Knoblauch und geben Sie diesen hinzu.

2 Im nächsten Schritt wird der Ingwer geschält und zerkleinert und zusammen mit der Maisstärke und einem Esslöffel Öl zum Fleisch gegeben. Bevor alle Zutaten gründlich miteinander vermischt werden, würzen Sie mit Salz und Pfeffer.

3 Anschließend bereiten Sie das Gemüse zu. Hierzu schneiden Sie die Paprika in dünne Streifen und würfeln die Zwiebel.

4 In einer Pfanne braten Sie das Fleisch von allen Seiten an und geben dann die Paprika und die Zwiebel hinzu. Diese braten Sie für weitere 20 Minuten an. Anschließend geben Sie die Sojasauce hinzu und ergänzen Honig und Gemüsebrühe. Dann werden die Zutaten gründlich miteinander vermischt. Rühren Sie die Masse so lange, bis diese eindickt.

5 Bringen Sie das Wasser für die Reisnudeln zum Kochen und geben Sie die Nudeln hinein. Kochen Sie diese nach Packungsanweisung.

6 Abschließend vermischen Sie die Nudeln mit dem Fleisch und dem Gemüse und servieren.

Tipp: Rindfleisch gilt innerhalb der Traditionellen Chinesischen Medizin als verdauungsstärkend. Zudem hilft es dabei, die Energiereserven aufzubauen.

SHIITAKE-WOK MIT RINDFLEISCH

 2 Port.
 35 Min.
 Leicht

Zutaten

125 g Shiitake-Pilze
100 g Möhren
1 grüne Chilischote
25 g Cashewkerne
3 Frühlingszwiebeln
1 Knoblauchzehe
1 Limette
2 EL Thai-Fischsauce
1 EL Sojasauce
250 g mageres Rindfleisch (hier eignet sich zum Beispiel Rumpsteak)
Je 1 Prise Salz und Pfeffer
2 EL Öl
3 Stiele Thai-Basilikum

Nährwerte p. P.

398 kcal
18 g Kohlenhydrate
22 g Fett
33 g Eiweiß

1 Zunächst werden die Shiitake-Pilze geputzt und die Stielenden abgeschnitten. Schälen Sie die Möhren und schneiden Sie diese in feine Streifen.

2 Anschließend wird die Chilischote gewaschen, entkernt und in kleine Scheiben geschnitten. Hacken Sie dann die Cashewkerne grob.

3 Putzen Sie die Frühlingszwiebeln, waschen Sie sie und schneiden Sie diese ebenfalls in Stücke. Dann wird der Knoblauch geschält und gehackt.

4 Pressen Sie die Limette aus und vermischen Sie zwei Esslöffel des Limettensaftes mit der Fischsauce sowie der Sojasauce. Anschließend wird das Rindfleisch in feine Streifen zerteilt und mit Salz und Pfeffer gewürzt.

5 Erhitzen Sie in einem Wok das Öl. Braten Sie das Fleisch darin unter ständigem Rühren an. Nach dem Anbraten nehmen Sie es heraus und geben die Pilze, die Möhren und die Frühlingszwiebeln für eine Dauer von vier Minuten in den Wok. Dann werden die Chili, der Knoblauch und die Nüsse hinzugegeben.

6 Nachdem Sie diese Zutaten kurz angebraten haben, geben Sie das Fleisch erneut hinzu und kochen alles auf.

7 Waschen Sie abschließend das Basilikum, zupfen Sie die Blätter ab und hacken Sie diese grob, um sie im Anschluss in den Wok zu geben. Dann kann serviert werden.

Tipp: Damit die Zutaten schnell anbraten, muss der Wok vor der Nutzung richtig aufgeheizt werden. Als Beilage können Sie Reis reichen.

HÄHNCHEN-REIS-BOWL ORIENTALISCHER ART

 4 Port.
 30 Min.
 Leicht

Zutaten

1 EL Butter
200 g Basmatireis
1 Prise Kurkuma
Je 1 Prise Salz und Pfeffer
etwa Ras el Hanout
600 g Hähnchenfilet
5 EL Öl
4 EL Chilisauce
1 EL Honig
5 bis 6 EL Zitronensaft
150 g Joghurt
2 Tomaten
100 g Feldsalat
400 ml Wasser

Nährwerte p. P.

550 kcal
48 g Kohlenhydrate
21 g Fett
40 g Eiweiß

1 Schmelzen Sie Butter in einem Topf und dünsten Sie den Reis unter ständigem Rühren darin an. Geben Sie 400 ml Wasser, ½ TL Kurkuma und etwas Salz hinzu und kochen Sie die Zutaten mit zugedecktem Deckel für eine Dauer von 20 Minuten auf.

2 Waschen Sie das Hähnchen und braten Sie es nach dem Trocknen in Öl von beiden Seiten an. Nach dem Braten würzen Sie das Fleisch mit Salz und Pfeffer.

3 Im nächsten Schritt wird die Chilisauce mit dem Honig, zwei Esslöffeln Zitronensaft und einem Teelöffel Ras el Hanout vermischt. Anschließend streichen Sie das Hähnchen in der Pfanne damit ein und nehmen es von der Herdplatte. Decken Sie die Pfanne zu und lassen Sie die Aromen ziehen.

4 Vermischen Sie den Joghurt mit Salz und Pfeffer und einer Prise Ras el Hanout und geben Sie drei bis vier Esslöffel Zitronensaft hinzu. Schmecken Sie nochmals mit Salz und Pfeffer ab. Abschließend schlagen Sie drei Esslöffel Öl darunter.

5 Im nächsten Schritt waschen Sie die Tomaten und schneiden diese in kleine Würfel. Putzen und waschen Sie den Feldsalat und geben Sie ihn im Anschluss unter das Joghurt-Dressing.

6 Dann wird das Fleisch in Scheiben zerkleinert und mit etwas Reis und Salat serviert. Streuen Sie die Tomatenwürfel darüber.

Tipp: Reis als Form des Getreides nimmt innerhalb der Traditionellen Chinesischen Medizin einen wichtigen Stellenwert ein. Er ist leicht verdaulich und stärkt das Verdauungssystem. Reis hat eine kühlende Wirkung und wird daher auch für die Behandlung von Hautproblemen eingesetzt.

Hauptgerichte mit Fisch und Meeresfrüchten

ASIATISCHE FISCHPFANNE

4 Port. 35 Min. Mittel

Zutaten

100 g Bambussprossen aus dem Glas
140 g chinesische Eiernudeln
740 g Kabeljaufilets
8 Frühlingszwiebeln
300 mg Gemüsebrühe in pulverisierter Form
1 Päckchen getrocknete Morcheln (kann je nach Geschmack weggelassen werden)
½ Bund Koriander
100 g Sprossen
2 EL Öl
Wasser
1 Paprika, rot
Je 1 Prise Salz und Pfeffer
3 EL Sherry
4 EL Sojasauce
1 EL Speisestärke
1 Stück Ingwer (etwa Walnussgröße)
2 EL Zitronensaft

Nährwerte p. P.

366 kcal
69 g Kohlenhydrate
7 g Fett
48 g Eiweiß

1 Waschen Sie die Kabeljaufilets kalt ab und tupfen Sie diese trocken. Dann würfeln Sie den Fisch in kleine Stücke. Reiben Sie ihn mit Salz und Pfeffer ein und geben Sie etwas Zitronensaft darüber.

2 Kochen Sie die Nudeln nach der Packungsanleitung. Nach Ablauf der Zubereitungszeit sieben Sie die Nudeln ab.

3 Waschen Sie die Frühlingszwiebeln und zerkleinern Sie diese ebenfalls.

4 Waschen, putzen und halbieren Sie die Paprika und schneiden Sie sie in Streifen. Im Anschluss waschen Sie die Sprossen und die Morcheln mit kaltem Wasser. Schälen Sie den Ingwer und würfeln Sie ihn in kleine Stücke.

5 Bringen Sie Wasser zum Kochen und geben Sie das Pulver für die Gemüsebrühe hinein. Dann lassen Sie das Wasser für einen Moment aufkochen.

6 Erhitzen Sie parallel dazu einen Wok und geben Sie etwas Öl hinein. Wenn das Öl erwärmt ist, geben Sie den Fisch hinein und braten ihn für eine Dauer von zwei bis drei Minuten. Im Anschluss entnehmen Sie den Fisch und halten ihn warm.

7 Geben Sie erneut Öl in den Wok, in dem Sie den Fisch angebraten haben, und schwitzen Sie dann die Paprika darin an. Nach dem Anbraten gießen Sie die Hälfte der Gemüsebrühe hinein und garen die Paprika bissfest.

8 Während die Paprika gart, können Sie den Koriander waschen und ihn hacken. In der restlichen Gemüsebrühe verrühren Sie dann die Stärke, den Ingwer, den Sherry und die Sojasauce miteinander. Diese Mischung geben Sie im Anschluss zum Paprikagemüse und lassen alle Zutaten für eine Dauer von einigen Minuten aufkochen. Beim Aufkochen sollte die Masse eindicken.

9 Sobald die Masse eingedickt ist, geben Sie den Fisch und die Nudeln darunter. Zudem ergänzen Sie die Frühlingszwiebeln, die Sprossen, die Morcheln und den Koriander. Dann garen Sie alle Zutaten erneut für eine Dauer von zwei Minuten.

Tipp: Wenn Sie den Geschmack von Koriander nicht mögen, können Sie stattdessen Petersilie verwenden.

Fisch wird innerhalb der Traditionellen Chinesischen Medizin eingesetzt, um die Niere zu tonisieren. Dieser Vorgang trägt dazu bei, dass die Nierenfunktion gestärkt wird und diese im Anschluss ihren Aufgaben besser nachkommen kann. Darüber hinaus neutralisiert und reguliert Fisch den Blutkreislauf. Am bekömmlichsten ist Fisch in geräucherter und gekochter Form. Der Verzehr von Fisch wird insbesondere für Kinder im Wachstum sowie für ältere Menschen empfohlen. Auch wird er nach Anstrengungen eingesetzt und soll dabei das Nervenkostüm stärken.

INDISCHES FISCHRAGOUT MIT ZWIEBELN AN KOKOS UND SPINAT

4 Port. 30 Min. Mittel

Zutaten

1 EL Rohrohrzucker
1 Zwiebel
1 Chili, rot
2 Knoblauchzehen
1 TL Senfkörner
1 Messerspitze Kreuzkümmel
1 Prise Pfeffer
etwas Koriander
1 Prise Salz
2 Fleischtomaten
Saft einer ½ Zitrone
1 TL Kurkuma
800 g Fischfilet (zum Beispiel Rotbarsch oder Kabeljau)

Für den Zwiebel-Kokos-Spinat:
1 kg Spinat
4 EL Olivenöl
100 g Kokosmilch
2 Zwiebeln
1 Stück Ingwer
2 Knoblauchzehen
1 TL Kreuzkümmel
etwas Chilipulver
1 Messerspitze Muskat
1 Prise Salz
Saft ½ Zitrone
1 TL Kurkuma

Nährwerte p. P.

626 kcal
10 g Kohlenhydrate
48 g Fett
53 g Eiweiß

1 Waschen Sie zunächst das Fischfilet unter kaltem Wasser. Tupfen Sie es trocken und schneiden Sie es in Streifen, die die gleiche Breite aufweisen. Beträufeln Sie die Streifen im Anschluss mit Zitronensaft, salzen Sie diese und würzen Sie mit Koriander.

2 Waschen Sie die Tomaten. Würfeln Sie sie und schälen Sie die Zwiebel. Hacken Sie die Zwiebel in kleine Stücke und halbieren Sie die Chili. Befreien Sie diese im Anschluss von ihren Kernen, da diese den größten Schärfeanteil enthalten. Danach zerteilen Sie die Chili in feine Stücke.

3 Waschen Sie den Spinat gründlich, putzen Sie ihn und lassen Sie ihn in einem Sieb abtropfen. Schälen Sie die weiteren Zwiebeln, halbieren Sie sie und schneiden Sie sie in Streifen. Dann schälen Sie den Ingwer und reiben ihn fein. Schälen Sie den Knoblauch und geben Sie ihn durch die Presse und dann zum Ingwer.

4 Erhitzen Sie in einem Topf etwas Öl und braten Sie die Zwiebeln darin glasig an. Schälen Sie die weiteren Knoblauchzehen und geben Sie ihn durch die Presse zu den Zwiebeln. Dann ergänzen Sie die Zutaten im Topf um die Senfkörner, den Kümmel, die Chili und das Salz.

5 Geben Sie die gewürfelten Tomaten dazu und lassen Sie alles erneut aufkochen. Würzen Sie nach dem Aufkochen mit Kurkuma, Rohrohrzucker und Pfeffer.

6 Im Anschluss geben Sie den Fisch hinzu und lassen alle Zutaten bei geringer Wärmezufuhr mit geschlossenem Deckel für eine Dauer von 15 Minuten garen. Nach Ablauf der Garzeit schmecken Sie die Masse mit Salz und Zitronensaft ab.

7 In einer weiteren Pfanne erhitzen Sie etwas Öl. Sobald das Öl die gewünschte Temperatur erreicht hat, geben Sie die in Streifen geschnittenen Zwiebeln hinein und rösten diese. Im Anschluss geben Sie den Ingwer, den Knoblauch sowie die restlichen Gewürze für die Zubereitung des Spinats hinzu, bevor Sie die Masse im Anschluss mit Zitronensaft ablöschen und salzen.

8 Rühren Sie im Anschluss Kurkuma hinein und geben Sie nach und nach den Spinat in die Pfanne. Nutzen Sie eine mittlere Hitze und lassen Sie diese Zutaten für eine Dauer von 15 Minuten köcheln. Abschließend geben Sie die Kokosmilch hinzu und den Muskat in geriebener Form darunter. Nach Bedarf können Sie vor dem Servieren noch salzen.

Tipp: Spinat hat innerhalb der Traditionellen Chinesischen Medizin eine befeuchtende Wirkung. Er stärkt den Magen-Darm-Trakt und beugt damit einer möglichen Verstopfung vor. Darüber hinaus kann Spinat bei Muskelkrämpfen beruhigen und bei Durchlaufstörungen vermindern.
Zwiebeln stützen ebenfalls den Magen. Sie werden bei Appetitlosigkeit, Durchfall oder Krämpfen eingesetzt. Am wirksamsten sind Zwiebeln nach dem Anbraten, da sie dann ihre Wirkung besser entfalten können.

LACHS AUF GEMÜSE, GEBACKEN

6 Port.

1,5 Std.

Leicht

Zutaten

400 g Lachs
1 Zucchini
200 g Kirschtomaten
4 Möhren
4 bis 5 Kartoffeln
etwas Fenchel (je nach Geschmack)
4 Knoblauchzehen
2 bis 4 Zwiebeln
6 Zweige Thymian
Je 1 Prise Salz und Pfeffer
etwas Rohrohrzucker
100 ml Weißwein
Filets von der Zitrone
etwas Olivenöl und Butter

Nährwerte p. P.

235 kcal
24 g Kohlenhydrate
3 g Fett
15 g Eiweiß

1 Waschen und putzen Sie das Gemüse. Dann zerteilen Sie es in kleine Würfel. Schälen Sie den Knoblauch und die Zwiebeln und hacken Sie den Knoblauch fein. Die Zwiebeln vierteln Sie.

2 Geben Sie etwa zwei Esslöffel Öl in einen Bräter. Dann geben Sie das zerkleinerte Gemüse hinein. Im Anschluss geben Sie die Kräuter zusammen mit dem Salz und Pfeffer hinzu. Gießen Sie den Wein hinein und etwas Rohrohrzucker darüber.

3 Verteilen Sie im nächsten Schritt die Butter über dem Gemüse (am besten zerteilen Sie diese in kleine Flocken).

4 Geben Sie im Anschluss das Gemüse bei 180 °C Ober- und Unterhitze (oder alternativ bei 160 °C Umluft) in den Ofen.

5 Während das Gemüse im Ofen gart, wird der Lachs mit Salz und Pfeffer gewürzt und mit Butter bestrichen.

6 Entnehmen Sie dann das Gemüse aus dem Ofen, legen Sie den Lachs darauf und belegen Sie den Lachs mit den Zitronenfilets. Dann regulieren Sie die Temperatur auf 200 °C Ober- und Unterhitze (oder alternativ bei 180 °C Umluft) und stellen den Bräter für eine Dauer von 10 bis 15 Minuten (je nach Garpunkt des Lachses sowie des Gemüses) in den Ofen. Den Garpunkt des Lachses erkennen Sie daran, dass das Eiweiß beginnt auszutreten. Im Anschluss können Sie den Bräter entnehmen und das Gericht servieren.

Tipp: Innerhalb der Traditionellen Chinesischen Medizin wird Gemüse vor allem in gedünsteter oder gekochter Form eingesetzt, da es für den Magen besonders verdaulich ist. Diese Zubereitungsform kann dabei gegen einen Blähbauch oder bei Gewichtszunahme eingesetzt werden. Gemüse fördert somit die Verdauung.

ZANDERFILET UMMANTELT MIT SPECK

1 Port.

40 Min.

Leicht

Zutaten

150 g Zander
3 Scheiben Speck pro Zanderfilet
2 getrocknete Feigen pro Filet
etwas Senf, mittelscharf
etwas Öl
1 Prise Pfeffer
Spieße zum Befestigen

Nährwerte p. P.

529 kcal
21 g Kohlenhydrate
21 g Fett
53 g Eiweiß

1 Waschen Sie den Fisch und tupfen Sie ihn trocken. Würzen Sie ihn im Anschluss mit Pfeffer. Zerkleinern Sie die Feigen und vermischen Sie diese mit dem scharfen Senf.

2 Platzieren Sie drei Schreiben Speck auf einer Unterlage und streichen Sie die Feigen-Senf-Masse darauf. Dann platzieren Sie den Fisch darauf und rollen ihn im Speck ein. Fixieren Sie die Fischröllchen mit einem Spieß, damit diese beim Braten nicht aufgehen können.

3 Geben Sie in eine Pfanne etwas Öl. Sobald das Öl erwärmt ist, geben Sie die Fischröllchen hinein und braten diese kurz an.

4 Im Anschluss geben Sie die Röllchen in eine Form und geben Sie bei einer Temperatur von 180 °C Ober- und Unterhitze (oder alternativ bei 160 °C Umluft) in den Ofen und backen sie für eine Dauer von 10 bis 15 Minuten.

5 Im Anschluss können Sie servieren.

Tipp: Wer Beilagen möchte, kann hierzu etwas Ofengemüse zubereiten.

SPAGHETTI MIT GARNELEN UND ROMANESCO

4 Port.

25 Min.

Leicht

Zutaten

80 g Schalotten
20 g Knoblauch
800 g Romanesco
400 g Kirschtomaten
400 g Garnelen, TK oder frisch
20 ml Rapsöl
240 g Vollkornspaghetti
800 ml Fischfond
etwas Basilikum, frisch
1 Prise Salz
1 Prise Pfeffer, schwarz
Wasser

Nährwerte p. P.

435 kcal
53 g Kohlenhydrate
8 g Fett
35 g Eiweiß

1 Ziehen Sie die Schalotten und den Knoblauch ab. Dann schneiden Sie die Schalotten in feine Würfel. Den Knoblauch pressen Sie.

2 Im nächsten Schritt wird der Romanesco gewaschen und in kleine Röschen zerteilt. Waschen Sie die Tomaten und die Garnelen und tupfen Sie beides trocken.

3 Kochen Sie die Spaghetti nach Packungsanleitung. Nach Ablauf der Zubereitungszeit gießen Sie die Spaghetti in ein Sieb ab.

4 Geben Sie etwas Öl in eine Pfanne. Wenn das Öl erwärmt ist, geben Sie die Garnelen in die Pfanne und braten sie für eine Dauer von drei Minuten an. Nach dem Anbraten nehmen Sie die Garnelen heraus.

5 Nun geben Sie die Spaghetti zusammen mit dem Fischfond, dem Romanesco, den Schalotten und dem Knoblauch sowie den Tomaten in die Pfanne. Nutzen Sie hierzu das Bratfett der Garnelen für ein besseres Aroma. Kochen Sie die Zutaten auf und lassen Sie dann das Ganze abgedeckt für eine Dauer von 10 bis 15 Minuten garen. Vergessen Sie während der Garzeit das Umrühren nicht.

6 In der Zwischenzeit waschen Sie das Basilikum und zupfen die Blätter ab. Diese werden im Anschluss fein gehackt und unter das Gericht gegeben. Etwas Basilikum halten Sie dabei zum Verzieren zurück.

7 Im nächsten Schritt geben Sie die Garnelen erneut hinzu und erhitzen alle Zutaten nochmals und würzen mit Salz und Pfeffer.

8 Nach Ablauf der Garzeit können Sie das Gericht servieren und mit dem Basilikum verfeinern.

Tipp: Die Spaghetti können Sie auch durch Reis ersetzen. Zudem können Sie die Gemüsesorten austauschen. So haben Sie innerhalb der Zubereitung mehr Variationsmöglichkeiten.

NUDELEINTOPF MIT LACHS

2 Port. 20 Min. Leicht

Zutaten

300 g Lachsfilet ohne Haut
2 EL Zitronensaft
4 Knoblauchzehen
20 g Ingwer, frisch
40 g Koriander, frisch
1 TL Koriander, gemahlen
20 g Rapsöl
½ l Fischfond (oder Lachsfond alternativ Gemüsebrühe)
50 g Kokosmus
120 g Reisnudeln, breit
1 EL Fischsauce

Nährwerte p. P.

789 kcal
54 g Kohlenhydrate
41 g Fett
34 g Eiweiß

1 Entgräten Sie den Lachs mit einer Grätenzange und zerkleinern Sie ihn im Anschluss in mundgerechte Stücke. Dann wird er mit dem Zitronensaft mariniert.

2 Schneiden Sie den Knoblauch nach dem Schälen in feine Scheiben. Wiederholen Sie dieses Vorgehen mit dem Ingwer. Dann wird der Koriander fein gehackt.

3 In einer Pfanne erhitzen Sie den Knoblauch, den Ingwer, den frischen Koriander und den gemahlenen Koriander. Rösten Sie die Zutaten kurz und gießen Sie alles mit dem Lachsfond auf. Im Anschluss wird das Kokosmus untergerührt.

4 Diese Masse kochen Sie so lange, bis eine cremige Konsistenz entsteht. Anschließend werden die Reisnudeln hinzugegeben und kochen gelassen, bis sie weich sind.

5 Geben Sie die Lachsstücke hinzu und lassen Sie diese ziehen, bis sie gar sind. Schmecken Sie im Anschluss alle Zutaten mit dem Zitronensaft und der Fischsauce ab.

Tipp: In der TCM gehört Koriander zu den thermischen Gewürzen. Er fördert daher den Energiefluss innerhalb des Körpers. Aus diesem Grund wird Koriander häufig für die Behandlung von Verdauungsbeschwerden wie beispielsweise Völlegefühl oder verlangsamter Verdauung eingesetzt.

SAIBLING MIT TINTENFISCHRISOTTO

4 Port.

1 Std. 10 Min.

Mittel

Zutaten

80 g Schalotten
10 g Butter
200 ml Weißwein
300 ml Fischfond
250 ml Schlagsahne
1 Bio-Zitronenschale (fein abgerieben)
Je 1 Prise Salz und Pfeffer
2 TL Kardamom
1 TL Selleriesaat
1 TL Koriandersaat
4 Saiblingfilets (zu jeweils 130 g, ohne Haut und Gräten)
4 EL Olivenöl
2 Stiele Dill

Für das Risotto und Gemüse:
400 g Baby-Blattspinat (geputzt)
100 g Zwiebeln
1 Knoblauchzehe
1 rote Pfefferschote
700 ml Fischfond
4 EL Olivenöl
200 g Risotto-Reis
100 ml Weißwein
1 Beutel Tintenfischtinte (etwa 5 g)

1 Zunächst werden die Schalotten geschält und in feine Würfel geschnitten. Dann wird die Butter in einem Topf erhitzt und die Schalotten darin gedünstet. Nachdem die Schalotten gedünstet sind, können Sie mit Wein ablöschen. Diesen lassen Sie vollständig einkochen.

2 Geben Sie den Fischfond hinzu und lassen Sie diesen einkochen. Nach dem Einkochen geben Sie die Sahne sowie die Zitronenschale hinzu und kochen die Masse erneut ein.

3 Im Anschluss pürieren Sie alles mit dem Pürierstab und geben die Masse durch ein Sieb, um die Rückstände herauszufiltern. Schmecken Sie dann mit Salz und Pfeffer ab und stellen Sie die Masse warm.

4 Zerstoßen Sie den Koriander zusammen mit dem Kardamom und den Selleriesaaten in einem Mörser.

5 Waschen Sie den Spinat, schälen und zerkleinern Sie Zwiebeln und Knoblauch und halbieren Sie die Pfefferschote in der Länge. Dann schneiden Sie diese nach dem Entkernen in feine Würfel.

6 Kochen Sie den Fischfond kurz auf und stellen Sie ihn im Anschluss warm.

7 Für die Zubereitung des Risotto erhitzen Sie in einem Topf Olivenöl. Dann geben Sie die Hälfte der Zwiebeln, den Knoblauch, die Pfefferschoten und den Reis hinein und dünsten ihn an. Nach dem Dünsten wird Wein hinzugegossen und die Zutaten lassen Sie einkochen.

8 Nach dem Einkochen wird die Tinte hineingerührt und etwa ein Drittel des noch warmen Fonds hineingegossen. Anschließend lassen Sie den Fond und den Wein erneut einkochen. Das Einkochen setzen Sie so lange fort, bis der Reis nur noch kurz bedeckt ist.

Je 1 Prise Salz und Pfeffer
20 g Butter
12 Kirschtomaten

Nährwerte p. P.

294 kcal
37 g Kohlenhydrate
14 g Fett
3 g Eiweiß

9 Dann gießen Sie erneut etwa ein Drittel des Fonds hinein. Und wiederholen diesen Vorgang, bis auch das letzte Drittel des Fonds aufgebraucht ist.

10 Anschließend lassen Sie den Reis für eine Dauer von 25 bis 30 Minuten bei geöffnetem Deckel garen. Vergessen Sie dabei nicht, gelegentlich umzurühren, damit der Reis nicht ansetzt. Würzen Sie im Anschluss mit Salz und Pfeffer.

11 In einem großen Topf wird im Anschluss die Butter erhitzt und der Rest der Zwiebeln darin angedünstet. Nach dem Dünsten wird der Spinat hinzugegeben. Der Topf wird abgedeckt, sodass der Spinat zusammenfallen kann. Nach dem Zusammenfallen wird mit Salz und Pfeffer gewürzt.

12 Danach werden die Tomaten in Stücke geschnitten und in einer Pfanne erhitzt. Die Saiblingfilets bestreuen Sie im Anschluss mit der Gewürzmischung und braten ihn bei mittlerer Hitze für die Dauer von zwei bis drei Minuten von jeder Seite an. Anschließend wird die Pfanne vom Herd genommen, sodass der Fisch noch für einige Minuten weiter ziehen kann.

13 Nach dem Ziehen nehmen Sie den Fisch aus der Pfanne, zerteilen ihn in grobe Stücke und verteilen ihn zusammen mit den Tomaten auf dem Risotto. Dazu reichen Sie den Spinat. Zum Verzieren können Sie Dill darüber geben.

Tipp: Selleriesamen gelten innerhalb der TCM als Pflanzenheilmittel. Das liegt vor allem daran, dass die Selleriesamen eine besondere Wirkung besitzen. Sie weisen einen hohen Anteil an ätherischen Ölen auf und passen gut zu Gerichten mit Gemüse sowie in Eintöpfe. Zur Behandlung werden sie für das Senken des Blutdrucks sowie zur Vorbeugung von Krebs eingesetzt.

CURRY MIT FISCH UND REIS

2 Port.

40 Min.

Mittel

Zutaten

100 g Reis
250 g Fisch
125 g Spinat
2 Schalotten
1 Zwiebel
100 ml Cremefine
50 g saure Sahne
1 bis 2 TL Curry
1 bis 2 TL Kurkuma
½ Chili
1 EL Öl
Je 1 Prise Salz und Pfeffer

Nährwerte p. P.

476 kcal
56 g Kohlenhydrate
17 g Fett
20 g Eiweiß

1 Kochen Sie den Reis nach Anleitung der Packung. Waschen Sie den Fisch, tupfen Sie ihn trocken und zerteilen Sie ihn in kleine Stücke.

2 Waschen Sie den Spinat und trocknen Sie ihn in einer Salatschleuder. Schälen und zerkleinern Sie die Schalotten, die Zwiebel und die Chili.

3 Dann wird Öl in einer Pfanne erhitzt und die Zwiebel, die Chili und die Schalotten darin angebraten.

4 Im nächsten Schritt geben Sie den Fisch hinzu und braten ihn ebenfalls an. Ergänzen Sie die Cremefine, die saure Sahne, Curry und Kurkuma und schmecken Sie mit Salz und Pfeffer ab. Diese Sauce vermischen Sie mit dem Spinat und servieren dazu den fertigen Reis.

Tipp: Achten Sie darauf, dass Sie den Spinat nicht zu lange kochen, damit dieser nicht verkocht.

Vegetarische Hauptgerichte

ÜBERBACKENE ZUCCHINI MIT VEGETARISCHER FÜLLUNG

4 Port.

50 Min.

Leicht

Zutaten

1 gelbe Zucchini
1 Paprika, rot
2 Zwiebeln
4 Knoblauchzehen
100 g vorgekochte Rollgerste
etwas frisches Basilikum und Petersilie
Je 1 Prise Salz und Pfeffer
3 EL Olivenöl
10 getrocknete Tomaten
10 Kapern
5 EL Kapernessig
10 Oliven
Wasser
250 ml Tomatensauce (fertig oder selbstgemacht – siehe hierzu auch das Rezept in diesem Buch)
50 g geriebener Käse (zum Beispiel Gouda oder Mozzarella)
50 g Walnüsse (oder alternativ andere Nüsse wie Mandeln oder Cashews)

Nährwerte p. P.

338 kcal
15 g Kohlenhydrate
20 g Fett
13 g Eiweiß

1 Waschen Sie die Zucchini und höhlen Sie das Innere mit Hilfe eines Löffels aus. Schälen Sie die Zwiebeln und schneiden Sie diese in kleine Würfel. Schälen und zerkleinern Sie den Knoblauch und entkernen und würfeln Sie die Paprika. Hacken Sie die Walnüsse grob und zerkleinern Sie auch die Oliven und die Kapern.

2 Nehmen Sie die getrockneten Tomaten aus dem Öl und zerkleinern Sie diese. Sollten Sie getrocknete Tomaten verwenden, die nicht eingelegt sind, sollten Sie diese für etwa eine Stunde im Voraus in Öl einlegen.

3 Waschen Sie das Basilikum und die Petersilie und hacken Sie diese fein. Dann rösten Sie den Knoblauch zusammen mit den Zwiebeln in einem Esslöffel Olivenöl. Geben Sie dann das Zucchinifleisch sowie die zerkleinerte Paprika hinzu. Salzen Sie die Zutaten und rösten Sie sie einige Minuten an. Achten Sie darauf, dass sich hierbei das Wasser aus dem Fleisch der Zucchini löst und verdampfen kann.

4 Geben Sie die Oliven, die getrockneten Tomaten sowie die Kapern, die Gerste und die Kräuter dazu. Ergänzen Sie ein paar Esslöffel Kapernessig und schmecken Sie mit Salz und Pfeffer ab.

5 Heizen Sie den Ofen auf 200 °C Ober- und Unterhitze (oder alternativ 180 °C Umluft) vor.

6 Im Anschluss füllen Sie die ausgehöhlten Zucchini mit der zuvor zubereiteten Masse und geben sie in eine Auflaufform. Beträufeln Sie die Zucchini mit etwas Olivenöl. Geben Sie die Zucchini dann für eine Dauer von 30 Minuten in den Ofen. Nach Ablauf der Backzeit überprüfen Sie mit dem Einstechen mit einer Gabel, ob die Zucchini bereits den gewünschten Garpunkt erreicht haben. Sind die Zucchini weich genug, geben Sie die Tomatensauce darüber.

7 Dann geben Sie die Auflaufform für fünf Minuten in den Ofen. Nach Ablauf dieser Zeit nehmen Sie die Auflaufform nochmals heraus und geben den geriebenen Käse über die Zucchini. Dann geben Sie die Zucchini erneut für eine Dauer von 15 Minuten in den Ofen und bräunen den Käse. Im Anschluss können Sie servieren.

Tipp: Gerste kommt innerhalb der Traditionellen Chinesischen Medizin eine besondere Bedeutung zu. Sie wirkt innerhalb des Körpers erfrischend. Die Gerste liefert unserem Körper Energie und wird als Grundnahrungsmittel für den täglichen Gebrauch empfohlen. Zudem stärkt sie den Magen sowie die Milz.

PUFFER AUS SAUERKRAUT

6 Port. 25 Min. Leicht

Zutaten

400 g mehlige Kartoffeln
etwas Öl zum Braten
50 g Dinkelmehl
1 Ei (Größe M)
1 TL Kümmel
½ TL Pfeffer
1 TL Salz
500 g Sauerkraut

Nährwerte p. P.

122 kcal
23 g Kohlenhydrate
3 g Fett
3 g

1 Schälen Sie die Kartoffeln und reiben Sie diese. Vermischen Sie die Kartoffelmasse mit Mehl, Kümmel, Pfeffer, Salz und Ei.

2 Tropfen Sie das Sauerkraut ab und zerteilen Sie dieses, bevor Sie es unter die Kartoffelmasse mischen.

3 Erhitzen Sie in einer Pfanne etwas Öl und geben Sie mit einem Löffel kleine Mengen der Kartoffel-Sauerkraut-Mischung hinein. Dann braten Sie diese aus, bis sie goldbraun sind. Um sie besser anbraten zu können, können Sie diese etwas flachdrücken.

4 Nach Ende der Bratzeit können Sie die Puffer auf einem Küchenpapier abtropfen und das überschüssige Fett aufsaugen.

5 Im Anschluss servieren Sie die Puffer heiß.

Tipp: Diese Hauptspeise weist ein hohes Maß an Vitamin B12 auf. Die Mineralstoffe des Sauerkrauts wirken in unserem Körper gegen Muskelschmerzen und Reizbarkeit. Es ist reich an Ballaststoffen und ist daher für die Verdauung besonders zuträglich. Darüber hinaus bindet Sauerkraut Schwermetalle und hält beim Verzehr lange satt. Die enthaltene Milchsäure, die durch die Gärung des Krautes entsteht, wirkt sich positiv auf unser Immunsystem aus. Es hilft daher zur Abwehr gegen Bakterien und Viren.

GEMÜSE VOM FENCHEL MIT HIRS

4 Port.

1 Std.

Leicht

Zutaten

1 Tasse Hirse
3 Tassen heißes Wasser
Je 1 Prise Salz und Pfeffer
2 Fenchel
5 Möhren
1 gelbe Rübe
1 Zwiebel
1 Stange Lauch
etwas Zitronenschale
50 ml Milch
1 TL Kuzu (asiatisches Fett aus der Naturküche)
1 EL Ghee (oder alternativ Butterschmalz)
1 TL Fenchelsamen

Nährwerte p. P.

216 kcal
31 g Kohlenhydrate
7 g Fett
4 g Eiweiß

1 Schälen und waschen Sie die Möhren und zerkleinern Sie diese. Wiederholen Sie diesen Vorgang für die gelbe Rübe. Anschließend schälen Sie die Zwiebel und zerteilen Sie diese grob. Zerkleinern Sie den Lauch.

2 Im Anschluss geben Sie drei Tassen heißes Wasser und eine Tasse Hirse in einen Topf und kochen sie auf.

3 Schmelzen Sie das Ghee in einer Pfanne und rösten Sie die Zwiebel darin an. Dann zerkleinern Sie den Fenchel und geben diesen zusammen mit den Möhren und der Rübe dazu. Dünsten Sie nun alle Zutaten für einige Minuten, geben Sie dann den Lauch hinzu und schmecken Sie die Zutaten mit Pfeffer ab. Anschließend geben Sie etwas Wasser und Salz hinzu und rühren den Abrieb der Zitronenschale hinein.

4 Im nächsten Schritt verrühren Sie Milch und Kuzu und vermischen damit das Gemüse. Kochen Sie alle Zutaten kurz auf und servieren Sie dann. Verzieren Sie das Gericht mit Fenchelsamen.

Tipp: Fenchel gilt innerhalb der Traditionellen Chinesischen Medizin als Antioxidans. Er schützt die Zellen, kann Husten bekämpfen und besitzt ein hohes Maß an Vitamin C. Die enthaltenen ätherischen Öle können Krämpfe lösen, sind antibakteriell und hemmen Entzündungen. Aus diesem Grund wird er in der TCM auch für die Verbesserung der Funktionen des Magens, der Milz, der Leber sowie der Niere eingesetzt.

GEMÜSEPFANNE MIT TOFU TERIYAKI

2 Port.

40 Min.

Mittel

Zutaten

120 g Reis
240 ml Wasser
70 g Lauch (oder alternativ Zwiebel)
2 Knoblauchzehen
1 bis 2 cm Ingwer
1 EL Erdnussöl
80 g Möhren
100 g Kohlrabi
100 g Fenchel
100 g Kürbis
100 g Blumenkohl
50 ml Wasser
100 ml Teriyaki-Sauce
½ TL Salz
200 g geräucherter Tofu

Nährwerte p. P.

510 kcal
62 g Kohlenhydrate
14 g Fett
27 g Eiweiß

1 Kochen Sie den Reis mit der doppelten Menge an Wasser. Nach Ablauf der Garzeit rühren Sie den Reis mit einer Gabel um und reduzieren die Hitze. Dann schließen Sie den Deckel und lassen ihn zugedeckt weiterkochen.

2 Während der Reis kocht, sollten Sie den Lauch in feine Ringe schneiden sowie den Knoblauch und den Ingwer fein hacken. In einer Pfanne wird Erdnussöl erhitzt und der Lauch, der Knoblauch sowie der Ingwer angeröstet.

3 Zerkleinern Sie die Möhren, den Kohlrabi, den Fenchel und den Kürbis sowie den Blumenkohl. Geben Sie das Gemüse im Anschluss in eine Pfanne zum Lauch und rösten Sie es. Nach dem Rösten gießen Sie das Gemüse mit Wasser auf. Diese Mischung lassen Sie für einen Moment dünsten, solange, bis das Gemüse weich ist.

4 Im nächsten Schritt geben Sie die Teriyaki-Sauce dazu und schmecken mit Salz ab. Währenddessen zerkleinern Sie den Tofu und geben diesen ebenfalls zum Gemüse. Lassen Sie die Zutaten nun erneut für einige Minuten aufkochen und servieren Sie alles im Anschluss zusammen mit dem Reis.

Tipp: Tofu gilt innerhalb der TCM als nährend für den Energiefluss innerhalb unseres Körpers. Er wird bei Kraftlosigkeit, Müdigkeit, Gastritis sowie für die Behandlung von Magenschleimhautentzündungen, Durchfall sowie bei Hormonschwankungen und Blasenproblemen eingesetzt.

RISOTTO AUS ARTISCHOCKEN UND GETROCKNETEN TOMATEN

2 Port.

1,5 Std.

Leicht

Zutaten

Für die getrockneten Tomaten:
125 g Cocktailtomaten
1 TL Olivenöl
2 Prisen Salz
1 TL Staubzucker (Puderzucker)

Für das Artischockenrisotto:
50 g Zwiebel
250 g Baby-Artischocken oder Artischockenherzen frisch (alternativ aus dem Glas)
1 EL Rapsöl
120 g Risottoreis
90 g Weißwein
300 ml Wasser
½ TL Suppenwürzpaste
¼ TL Salz
2 Prisen Pfeffer, schwarz
½ TL Kurkuma
1 TL Thymian, getrocknet
20 g Butter
40 g Parmesan, gerieben

Nährwerte p. P.

482 kcal
54 g Kohlenhydrate
21 g Fett
14 g Eiweiß

1 Heizen Sie den Backofen auf 120 °C Ober- und Unterhitze vor. Bedecken Sie das Backblech mit Backpapier. Waschen Sie die Cocktailtomaten, halbieren Sie diese und vermischen Sie sie in einer Schüssel mit Olivenöl und Salz sowie Puderzucker. Achten Sie darauf, dass die Hälften vollständig mit der Masse mariniert sind.

2 Im Anschluss geben Sie die Tomatenhälften auf das Blech und backen sie für eine Stunde im Backofen.

3 Für die Zubereitung des Risotto würfeln Sie die Zwiebeln fein. Dann waschen Sie die Artischocken und schneiden sie in schmale Streifen.

4 Erhitzen Sie in einem Topf das Öl, geben Sie die Zwiebeln dazu, dünsten Sie sie an und ergänzen Sie den Reis. Im Anschluss geben Sie die Artischockenstücke dazu und löschen alles mit Weißwein ab.

5 Im Anschluss gießen Sie die Masse mit Wasser auf und würzen mit Hilfe von Salz, Pfeffer, Kurkuma, Thymian und Suppenwürzpaste. Danach muss die Mischung erneut aufkochen. Sobald die Masse kocht, reduzieren Sie die Hitzezufuhr und lassen sie bei verschlossenem Deckel für eine Dauer von 10 bis 15 Minuten köcheln. Rühren Sie dabei gelegentlich um, damit das Risotto nicht anbrennt.

6 Kurz vor Ende der Garzeit geben Sie Butter und Parmesan hinzu. Das Risotto servieren Sie dann gemeinsam mit den im Ofen getrockneten Tomaten, etwas Parmesan und Thymian.

Tipp: Artischocken werden zur Stärkung des Energieflusses eingesetzt. Besonders förderlich ist die Artischocke für die Vorgänge innerhalb der Leber. Hierin liegt auch begründet, dass sie für die Behandlung von Erkrankungen der Leber und Galle eingesetzt wird.

CHILI SIN CARNE

4 Port.

35 Min.

Leicht

Zutaten

Je 1 rote und grüne Paprika
1 Chilischote
2 Zwiebeln
2 Knoblauchzehen
1 Dose Kidneybohnen
1 Dose Mais
2 EL Olivenöl (oder alternativ Rapsöl)
250 g rote Linsen
4 EL Tomatenmark
2 Dosen stückige Tomaten
1 l Gemüsebrühe
Je 1 Prise Salz, Pfeffer und Kreuzkümmel

Nährwerte p. P.

512 kcal
65 g Kohlenhydrate
11 g Fett
30 g Eiweiß

1 Waschen Sie die Paprika und die Chili und entfernen Sie das Gehäuse. Zerkleinern Sie das Fruchtfleisch und schälen Sie die Zwiebeln und den Knoblauch. Dann werden selbige fein gehackt.

2 Anschließend werden die Kidneybohnen und der Mais unter fließendem Wasser in einem Sieb gewaschen. Erhitzen Sie in einer Pfanne das Öl und geben Sie die Zwiebeln zusammen mit der Chili hinein.

3 Nach dem Andünsten ergänzen Sie die Paprika, die Linsen, das Tomatenmark und den Knoblauch. Sobald auch diese kurz angebraten wurden, löschen Sie die Masse mit den Tomaten und der Brühe ab. Die Brühe muss im Anschluss für eine Dauer von 15 bis 20 Minuten aufkochen. Hierbei sollten Sie überprüfen, ob die Linsen weich genug sind.

4 Sind die Linsen gegart, werden Kidneybohnen und Mais hinzugegeben und mit Salz, Pfeffer und Kreuzkümmel abgeschmeckt. Im Anschluss kann serviert werden.

Tipp: Zu diesem Gericht passen sowohl Reis als auch Brot. Um es weiter zu verfeinern, können Sie etwas saure Sahne oder Sojajoghurt hinzugeben.

BRATEN AUS LINSEN

8 Port.

1 Std.
50 Min.

Mittel

Zutaten

2 Zwiebeln
2 Knoblauchzehen
1 Stange Sellerie
200 g Pilze (z. B. Champignons)
3 EL Margarine
2 EL Tomatenmark
300 ml Sojamilch (oder eine Alternative)
7 g Thymian, frisch
350 g Linsen braun, gekocht
2 EL Senf
Je 1 Prise Salz und Pfeffer
50 g Walnüsse
200 g Vollkorntoast vom Vortag
150 g Haferflocken
Margarine und Semmelbrösel für die Form

Nährwerte p. P.

250 kcal
33 g Kohlenhydrate
15 g Fett
14 g Eiweiß

1 Schälen Sie die Zwiebeln und den Knoblauch und hacken Sie beides fein. Im Anschluss wird der Sellerie gewaschen und ebenfalls klein gewürfelt.

2 Waschen Sie die Pilze und zerkleinern Sie auch diese. In einem Topf wird dann die Margarine geschmolzen und die Pilze darin angebraten. Nachdem die Pilze angebraten sind, werden die Zwiebeln und der Knoblauch sowie der Sellerie dazugegeben und angedünstet.

3 Im nächsten Schritt wird das Tomatenmark eingerührt und dieses kurz mitgebraten. Dann geben Sie die Sojamilch dazu und kochen diese kurz auf, bevor Sie die Hitze reduzieren.

4 Waschen Sie den Thymian und zupfen Sie die Blätter ab. Diese geben Sie zusammen mit den Linsen in den Topf. Kochen Sie die Mischung im Anschluss für eine Dauer von fünf Minuten auf. Abgeschmeckt wird mit Senf, Salz und Pfeffer.

5 Heizen Sie den Backofen auf 180 °C Ober- und Unterhitze (oder alternativ 160 °C Umluft) vor.

6 Fetten Sie eine Kastenform mit Margarine ein und geben Sie die Semmelbrösel hinein. Dann zerkleinern Sie in einem Mixer die Walnüsse und das Toastbrot und geben es in eine Schüssel. Hier wird die Mischung mit der Gemüsemischung und den Haferflocken zu einer teigartigen Masse vermischt und mit Sojamilch ergänzt, sofern die Masse zu fest ist.

7 Die fertige Masse füllen Sie in eine Kastenform und backen sie für eine Dauer von 60 Minuten im Backofen aus. Anschließend kann serviert werden.

Tipp: Soll der Braten auf der Oberseite knusprig werden, können Sie ihn für weitere zehn Minuten backen.

CURRY VON KICHERERBSEN UND GRÜNKOHL

4 Port.

40 Min.

Leicht

Zutaten

1 Zwiebel
1 Knoblauchzehe
1 EL Öl
Je ½ TL Koriander, Paprikapulver und Kurkuma
1 TL Kreuzkümmel
1 TL Pfeffer
1 Prise Salz
1 Dose Tomaten, gestückelt
1 Dose Kichererbsen
300 g Grünkohl, TK

Nährwerte p. P.

178 kcal
26 g Kohlenhydrate
6 g Fett
10 g Eiweiß

1 Zunächst werden die Zwiebel und der Knoblauch geschält, in feine Würfel geschnitten und in einem Topf in etwas Öl zusammen mit den Gewürzen angeschwitzt. Anschließend löschen Sie die Masse mit den Dosentomaten ab.

2 Kippen Sie die Kichererbsen durch ein Sieb und spülen Sie diese unter kaltem Wasser ab. Danach geben Sie diese zusammen mit dem Grünkohl in den Topf. Die Masse bringen Sie dann erneut zum Kochen und lassen sie für eine Dauer von zehn Minuten durchziehen. Schmecken Sie mit Salz ab und servieren Sie.

Tipp: Grünkohl wird aufgrund seiner entzündungshemmenden Wirkung innerhalb der Traditionellen Chinesischen Medizin geschätzt. Er enthält viele Antioxidantien und gilt daher auch als Superfood. Hinsichtlich des Organbezugs wirkt er auf die Leber und den Blutkreislauf und stärkt die Funktionsweise des Magens. Aus diesem Grund wird er für die Behandlung von Verdauungsproblemen, zur Regulierung der Darmflora, bei Sehschwäche, Anämie sowie bei trockener Haut eingesetzt.

Vegane Hauptgerichte

FENCHELGEMÜSE MIT KAROTTEN

 2 Port.  35 Min.  Leicht

Zutaten

200 g Kartoffeln
2 Fenchelknollen
8 Möhren
1 EL Kokosöl
1 Zwiebel
½ Zitrone
1 Knoblauchzehe
Je 1 Prise Salz, Pfeffer und Piment
1 Handvoll glatte Petersilie
1 Zweig frisches Basilikum

Nährwerte p. P.

271 kcal
45 g Kohlenhydrate
13 g Fett
4 g Eiweiß

1 Waschen Sie das Gemüse und schneiden Sie dieses in Streifen. Im Anschluss werden die Zwiebel und der Knoblauch abgezogen und fein gehackt.

2 Schälen Sie die Kartoffeln und kochen Sie diese in einem Topf mit etwas Salz. Nach Ende der Kochzeit gießen Sie die Kartoffeln in ein Sieb. Damit säie nicht auskühlen, geben Sie sie im Anschluss in den Topf und schließen den Deckel.

3 Parallel dazu können Sie im nächsten Schritt das Öl in einem Topf erhitzen und dann das Gemüse hineingegeben. Würzen Sie das Gemüse mit Pfeffer und Piment.

4 Geben Sie die Zwiebel und den Knoblauch hinzu und vermischen Sie alle Zutaten gut miteinander.

5 Für eine Dauer von 15 Minuten lassen Sie die Zutaten nun bei geschlossenem Deckel schmoren.

6 Als Nächstes pressen Sie die Zitrone aus und geben den Saft zusammen mit dem Salz zum Gemüse hinzu. Vermischen Sie alle Zutaten nochmals gut miteinander.

7 Hacken Sie die Petersilie fein und heben Sie diese unter das Gemüse. Lassen Sie das Gemüse zusammen mit der Petersilie nochmals aufkochen und servieren Sie das Gemüse mit frischem Basilikum sowie den Kartoffeln.

Tipp: Kartoffeln wirken im Sinne der Traditionellen Chinesischen Medizin kühlend auf den Körper. Sie haben eine beruhigende Wirkung auf den Bereich des Magens, der Milz sowie des Dickdarms. Aus diesem Grund wird sie zur Heilung und Behandlung von Gastritis oder Diabetes Typ 1 eingesetzt. Wenn Sie unter Verdauungsschwierigkeiten leiden, sollten Sie darauf achten, dass Sie die Kartoffel nur in gebackener oder gebratener Form verzehren.

VEGANE FALAFEL AN GEMÜSE VON PAPRIKA UND TOMATEN

2 Port.

1 Std.

Mittel

Zutaten

1 Dose gekochte Kichererbsen
1 Zwiebel
etwas frischer Ingwer
25 g Kichererbsenmehl
1 TL Kreuzkümmel
½ TL Salz
1 Ei (Größe M)
¼ TL Koriander, gemahlen
1 EL Petersilie, gehackt
2 TL Kokosfett

Für das Paprika-Tomaten-Gemüse:
2 Paprika, gelb
4 Tomaten (etwa 250 g)
1 Zwiebel
1 Knoblauchzehe
1 EL Tomatenmark
1 TL Oregano
¼ TL Kümmel, gemahlen
1 Lorbeerblatt
2 Salbeiblätter
½ TL Paprikapulver, edelsüß
1 EL Kokosfett
1 Prise Pfeffer
½ TL Salz
etwas Wasser

Für den Dip:
200 g veganer Joghurt (oder alternativ griechischer Joghurt)
1 EL Tahini
1 Messerspitze Koriander, gemahlen
1 Prise Salz
2 EL Zitronensaft
1 TL gehackte Minze (oder alternativ Koriander)

Nährwerte p. P.

505 kcal
48 g Kohlenhydrate
24 g Fett
18 g Eiweiß

1 Zunächst werden die Kichererbsen gewaschen. Gehen Sie hier gründlich vor. Sobald kein Schaum mehr sichtbar ist, sind sie ausreichend gereinigt. Schälen Sie die Zwiebel und den Ingwer und scheiden Sie es in feine Würfel. Dann schwitzen Sie beides in etwa einem Teelöffel Kokosfett an.

2 Verkneten Sie im nächsten Schritt die Kichererbsen mit dem Kichererbsenmehl und den Gewürzen. Nach dem Verkneten lassen Sie die entstandene Masse für eine Dauer von fünf Minuten ruhen.

3 Heizen Sie den Ofen auf 180 °C Ober-/Unterhitze vor. Waschen Sie die Petersilie und zupfen Sie die Blätter ab, um diese zu hacken. Im Anschluss arbeiten Sie diese in die Teigmasse ein. Befeuchten Sie Ihre Hände und formen Sie aus der Masse im Anschluss etwa zwölf Kugeln.

4 Geben Sie die Falafel-Kugeln auf ein mit Backpapier bedecktes Backblech und backen Sie diese im Ofen für eine Dauer von etwa 25 Minuten aus. Hierbei sollten die Kugeln außen fest und innen weich werden.

5 Für die Zubereitung des Gemüses waschen Sie im Anschluss die Tomaten, putzen diese und zerkleinern sie ebenfalls in Würfel. Dann schälen Sie die Zwiebel für das Gemüse und würfeln diese grob. Den Knoblauch hacken Sie fein und halbieren die Paprika. Diese befreien Sie vom Gehäuse und schneiden sie in Stücke.

6 Erhitzen Sie in einer Pfanne etwas Kokosfett und geben Sie die Zwiebel und den Knoblauch hinein. Anschließend ergänzen Sie die Paprika sowie die Tomaten und geben alle weiteren Gewürze dazu.

7 Stellen Sie am Herd eine mittlere Temperatur ein und lassen Sie das Gemüse für eine Dauer von etwa zehn Minuten köcheln. Sofern nötig, können Sie etwas Wasser ergänzen. Achten Sie bei der Zubereitung des Gemüses darauf, dass es noch Biss hat.

8 Für die Zubereitung des Dips vermischen Sie alle Zutaten zu einer homogenen Masse.

9 Anschließend können Sie den Dip zusammen mit dem Gemüse und den Falafeln servieren.

Tipp: Im Rahmen der TCM werden Kichererbsen für die Stärkung der Nieren eingesetzt. Sie werden als thermisch neutral gewertet und enthalten viele gute Nährstoffe wie ein hohes Maß an pflanzlichem Eiweiß, Eisen und Zink. Aus diesem Grund werden sie für die Behandlung von Schlafstörungen, Osteoporose und Unfruchtbarkeit eingesetzt.

SOMMERROLLEN MIT VEGANEM HACK UND ERDNUSS-ZITRONEN-SAUCE

 2 Port.
 25 Min.
 Mittel

Zutaten

8 Blätter Reispapier
1 Möhre
1 Handvoll Pilze
½ Zucchini
150 g veganes Hack (zum Beispiel Sojagranulat, Hack auf Erbsenbasis)
1 Frühlingszwiebel
50 g Weißkraut
100 g Reisnudeln
1 l Wasser
1 Handvoll Rucola
1 Bund Minze
etwas Sojasauce

Für den Dip:
30 g Erdnussmus
20 ml Reisessig
20 ml Wasser
Saft einer Zitrone
½ TL Koriander

Nährwerte p. P.

599 kcal
93 g Kohlenhydrate
2 g Fett
15 g Eiweiß

1 Putzen Sie die Möhre und reiben Sie sie in feine Streifen. Wiederholen Sie dieses Vorgehen für die Zucchini. Putzen Sie die Pilze und zerteilen Sie diese ebenfalls. Waschen Sie den Rucola und stellen Sie ihn zur Seite.

2 Braten Sie das Gemüse in einer Pfanne kurz in Öl an. Schneiden Sie währenddessen die Frühlingszwiebel in feine Streifen. Geben Sie etwas Öl in eine Pfanne und braten Sie das vegane Hack darin an. Zum Würzen geben Sie etwas Sojasauce hinzu.

3 Für die Zubereitung der Reisnudeln bringen Sie Wasser in einem Topf zum Kochen. Dann geben Sie die Reisnudeln in eine temperaturbeständige Schüssel und gießen das kochende Wasser darüber. Lassen Sie die Reisnudeln hierin für eine Dauer von fünf Minuten ziehen.

4 Während die Reisnudeln garen, hacken Sie die Minze fein. Das Reispapier wird dann in etwas lauwarmem Wasser eingeweicht. Im Anschluss platzieren Sie das Reispapier einzeln auf einer festen Unterlage. Hier eignet sich am besten ein Brett. Danach geben Sie den Rucola, die Reisnudeln, das vegane Hack, das gebratene Gemüse und nach Belieben Minze auf das Reispapier. Achten Sie darauf, dass Sie nur so viel hineingeben, dass Sie .es noch rollen können.

5 Im nächsten Schritt klappen Sie die seitlichen Bereiche des Reispapiers ein und schlagen diese über die Füllung, sodass aus dem Reispapier eine feste Rolle wird.

6 Für den Dip alle Zutaten zu einer homogenen Masse verrühren. Im Anschluss können Sie servieren.

Tipp: Rucola wirkt innerhalb der Traditionellen Chinesischen Medizin auf den Magen und den Dünndarm. Er wird bei stillenden Müttern eingesetzt, um den Milchfluss zu erleichtern. Zudem wird er bei Problemen mit der Harntätigkeit für die Behandlung eingesetzt.

VEGANE LASAGNE AUS GEMÜSE

12 Stk.

1 Std. 20 Min.

Mittel

Zutaten

½ Zucchini
150 g Lasagne-Nudeln

Für die helle Sauce:
700 g Kartoffeln
Wasser
5 EL Hefeflocken
etwa 1 EL Salz
150 ml Wasser
½ TL Muskat

Für die Tomatensauce:
500 ml passierte Tomaten
2 Knoblauchzehen
1 Zwiebel
100 g Sonnenblumenkerne
etwas Thymian und Rosmarin
Je 1 Prise Salz und Pfeffer
1 Handvoll Cocktailtomaten
1 Handvoll Basilikum

Nährwerte p. P.

155 kcal
23 g Kohlenhydrate
5 g Fett
5 g Eiweiß

1 Zunächst werden die Kartoffeln geschält und in kleine Stücke geschnitten. Diese werden im Anschluss für eine Dauer von zehn Minuten in kochendes Wasser gegeben.

2 Als Nächstes hacken Sie die Sonnenblumenkerne und rösten sie in einer Pfanne an. Öl benötigen Sie hierzu nicht.

3 Zerteilen Sie den Knoblauch und die Zwiebeln in feine Stücke und geben Sie beides in das Öl mit den Sonnenblumenkernen in der Pfanne. Braten Sie diese kurz an und geben Sie dann die passierten Tomaten hinzu. Zum Würzen werden etwas Rosmarin und Thymian mit hineingegeben. Dann lassen Sie die Zutaten für eine Dauer von fünf Minuten kochen.

4 Schneiden Sie die Zucchini in dünne Scheiben. Die Zutaten für die helle Sauce geben Sie zusammen mit den Kartoffeln in einen Mixer und pürieren sie. Dann schmecken Sie nach Bedarf mit Pfeffer, Salz und etwas Essig ab.

5 Beginnen Sie im nächsten Schritt mit dem Stapeln der Lasagne. Füllen Sie etwas helle Sauce auf den Boden. Danach schichten Sie im Wechsel Nudeln, Zucchini und Sauce, bis die Form gefüllt ist.

6 Nach Wunsch können Sie die obere Schicht mit etwas veganem Käse bestreuen. Geben Sie dann die Auflaufform für eine Dauer von 35 Minuten bei einer Temperatur von 200 °C Ober- und Unterhitze in den Ofen.

7 Vor dem Servieren verzieren Sie mit den Tomaten und dem Basilikum.

Tipp: Soll das Gericht nicht vegan sein, können Sie die Tomatensauce mit etwas Hackfleisch anreichern.

SCHNITZEL AUS SÜẞKARTOFFELN UND ZUCCHINI

3 Port. 35 Min. Leicht

Zutaten

2 Zwiebeln
etwas Salat nach Wahl
1 Zucchini (etwa 150 g)
1 Süßkartoffel (etwa 300 g)
50 g Paniermehl
35 g Kartoffelstärke
2 Eier (Größe M)
1 TL Salz
½ TL Kümmel
1 Prise Pfeffer
2 EL Petersilie
3 EL Kokosfett

Für den Dip:
90 g eingeweichte Cashewkerne
70 bis 80 ml Wasser
15 ml Zitronensaft
½ TL Salz
½ TL Curry

Für das Dressing:
4 EL Olivenöl
1 EL Honig
1 EL Senf
½ TL Salz

Nährwerte p. P.

855 kcal
36 g Kohlenhydrat
91 g Fett
13 g Eiweiß

1 Um den Dip zuzubereiten, geben Sie die eingeweichten Cashewkerne mit dem Salz, dem Zitronensaft sowie dem Currypulver in einen Mixer. Mixen Sie die Zutaten so lange, bis eine cremige Masse entsteht.

2 Für die Schnitzel schälen Sie die Zwiebeln und hacken diese fein. Dann wird die Zucchini gewaschen, von den Enden befreit und fein gerieben. Schälen Sie die Süßkartoffel und reiben Sie diese ebenfalls. Verkneten Sie dann die Zwiebeln zusammen mit der Süßkartoffel, der Zucchini, den Eiern, den Gewürzen und den Kräutern zu einem gleichmäßigen Teig.

3 Erhitzen Sie Kokosfett in einer Pfanne und formen Sie aus dem Teig Schnitzel, die Sie im Fett ausbraten.

4 Für die Zubereitung des Dressings vermischen Sie Olivenöl, Honig, Salz sowie Senf.

5 Waschen Sie den Salat und geben Sie ihn in eine Schüssel. Im Anschluss wird das Dressing darüber gegeben. Nun können Sie den Salat zusammen mit den Schnitzeln und dem Dip anrichten und servieren.

Tipp: Cashewkerne wirken auf das Herz und die Nieren positiv. Sie haben nicht nur eine beruhigende, sondern auch eine stimmungsaufhellende Wirkung. Zudem enthalten Cashews gute Fettsäuren. Sie werden innerhalb der TCM bei depressiver Verstimmung, Schlafstörungen und Nervosität eingesetzt.

EINTOPF MIT BULGUR UND ROTEN LINSEN

 4 Port.

 30 Min.

 Mittel

Zutaten

150 g rote Linsen
1 grüne Paprika (oder andere Farbe, etwa 200 g)
1 Packung tiefgekühltes Suppengemüse (etwa 450 g)
1 Dose Tomatenstücke (etwa 400 g)
4 EL Öl
1 l Wasser

Zum Würzen:
1 EL Paprikapulver, edelsüß
2 bis 3 EL gehackte Petersilie (tiefgekühlt oder frisch)
1 EL Zucker
3 EL Gemüsebrühpulver
1 Prise Cayennepfeffer (oder alternativ schwarzer Pfeffer)

Nährwerte p. P.

275 kcal
55 g Kohlenhydrate
14 g Fett
17 g Eiweiß

1 Entkernen Sie die Paprika und schneiden Sie diese in Würfel. Dann werden in einem Topf vier Esslöffel Öl erhitzt und die Paprikawürfel hineingegeben. Anschließend fügen Sie das tiefgekühlte Suppengemüse hinein und dünsten alles für eine Dauer von fünf Minuten an. Achten Sie darauf, dass Sie regelmäßig umrühren, damit die Zutaten nicht ankochen können.

2 Im nächsten Schritt fügen Sie die roten Linsen in ungekochtem Zustand hinzu. Ebenso verfahren Sie mit dem Bulgur. Dünsten Sie dann alles für eine Dauer von zwei Minuten an. Rühren Sie die Zutaten dabei gut um.

3 Ergänzen Sie dann einen Liter Wasser und geben Sie die Tomatenstücke hinzu. Setzen Sie den Deckel auf und bringen Sie alles zum Kochen.

4 Nachdem alle Zutaten aufgekocht wurden, wird die Hitze reduziert und ab und zu umgerührt. Lassen Sie die Zutaten dann noch für eine Dauer von etwa 15 Minuten köcheln.

5 Im letzten Schritt würzen Sie mit Gemüsebrühepulver, Zucker, Paprikapulver sowie Petersilie und Pfeffer.

Tipp: Bulgur zählt zu den Getreidesorten, die innerhalb der Traditionellen Chinesischen Medizin beruhigend und kühlend wirken. Für den Verzehr ist es wichtig, dass das Getreide gekocht wird, damit es vom Verdauungstrakt besser verarbeitet werden kann. Auf diese Weise kann er seine Wirkung besser entfalten.

PAELLA MIT TOFU UND GEMÜSEALLERLEI

4 Port. 45 Min. Mittel

Zutaten

1 Zwiebel
2 Knoblauchzehen
2 Zucchini
400 g Brokkoli
3 EL Olivenöl
250 g Paellareis
150 g Erbsen (tiefgekühlt oder frisch gepalt)
800 ml Gemüsebrühe
2 Prisen Safranfäden
2 TL Paprikapulver, rosenscharf
¼ TL getrockneter Thymian
400 g Tofu
3 EL Sojasauce
1 EL Agavendicksaft
300 g grüne Paprikaschoten
Je 1 Prise Salz und Pfeffer
1 Bund Petersilie (etwa 20 g)

Nährwerte p. P.

506 kcal
60 g Kohlenhydrate
15 g Fett
31 g Eiweiß

1 Als Erstes werden die Zwiebel und der Knoblauch geschält und gehackt und die Zucchini geputzt und in Würfel geschnitten. Im Anschluss putzen Sie den Brokkoli und zerteilen ihn in kleine Röschen.

2 Geben Sie dann zwei Esslöffel Öl in eine große Pfanne und dünsten Sie die Zwiebel und den Knoblauch darin an. Dann geben Sie den Reis, die Zucchini und den Brokkoli hinein und dünsten diese Zutaten ebenfalls für eine Dauer von etwa fünf Minuten.

3 Im nächsten Schritt werden die Erbsen hinzugegeben und mit der Brühe aufgefüllt. Zerstoßen Sie dann die Safranfäden in einem Mörser und geben Sie diese zusammen mit dem Thymian sowie dem Paprikapulver unter die Masse. Diese köchelt dann erneut für zehn Minuten. Vergessen Sie dabei nicht, regelmäßig umzurühren, um das Ankochen zu verhindern.

4 Während der Reis zusammen mit den anderen Zutaten gart, zerkleinern Sie den Tofu und vermischen ihn mit der Sojasauce und dem Agavendicksaft. Dann putzen Sie die Paprika und geben diese zerkleinert zum Anbraten in eine Pfanne. Würzen Sie diese mit Salz und Pfeffer, nehmen Sie sie aus der Pfanne und braten Sie den Tofu ebenfalls darin.

5 Schmecken Sie die Paella mit Salz und Pfeffer ab und hacken Sie die Petersilie. Im Anschluss geben Sie die Paprika zusammen mit dem Tofu zur Paella und servieren.

Tipp: Agavendicksaft gilt innerhalb der TCM als Alternative für Zucker. Er besitzt besonders bei Husten eine heilsame Wirkung.

GEFÜLLTE AUBERGINE

4 Port.

1 Std.

Mittel

Zutaten

2 Auberginen
250 g Couscous
1 EL Olivenöl
2 Zwiebeln
2 Knoblauchzehen
3 Möhren
4 EL getrocknete Cranberrys
1 TL Kreuzkümmel
¼ TL Zimt
Je 1 Prise Salz, Pfeffer, Nelken und Kardamom
300 ml Gemüsebrühe
400 g stückige Tomaten (aus der Dose)
½ TL Chilipulver
1 TL Paprikapulver
½ TL Kurkuma
1 Bund Petersilie
Wasser

Zum Braten:
2 TL Öl

Für die Auflaufform:
1 TL Olivenöl

Nährwerte p. P.

543 kcal
76 g Kohlenhydrate
16 g Fett
16 g Eiweiß

1 Im ersten Schritt werden die Auberginen gewaschen. Dann bringen Sie in einem Topf Wasser zum Kochen und garen die Auberginen darin für eine Dauer von fünf bis sieben Minuten.

2 Den Couscous kochen Sie nach der Packungsanweisung. Im Anschluss heben Sie einen Esslöffel Olivenöl unter. Ziehen Sie die Zwiebeln und den Knoblauch ab und würfeln Sie diese.

3 Schälen Sie Möhren und raspeln Sie diese. Anschließend erhitzen Sie Öl in einem Topf und dünsten die Zwiebeln und den Knoblauch darin an. Im Anschluss fügen Sie die Möhrenraspeln hinzu und braten sie für fünf Minuten mit.

4 Im nächsten Schritt heben Sie den Couscous unter. Hacken Sie die Cranberrys und geben Sie diese ebenfalls zusammen mit dem Kreuzkümmel, dem Zimt, dem Kardamom, dem Nelkenpulver und dem Pfeffer sowie dem Salz darunter und vermischen Sie alle Zutaten gut miteinander.

5 Anschließend werden die Auberginen der Länge nach halbiert und das Fruchtfleisch mit Hilfe eines Löffels herausgekratzt. Das Fruchtfleisch wird gehackt und in einer Pfanne in Öl angebraten. Nach einer Dauer von fünf Minuten löschen Sie das Fleisch mit der Gemüsebrühe ab und gießen die Tomaten hinzu. Rühren Sie dann die Gewürze hinein und lassen Sie alles für ein bis zwei Minuten köcheln.

6 Heizen Sie den Backofen vor. Während der Ofen aufheizt, können Sie eine Backform mit einem Teelöffel Olivenöl einpinseln. Anschließend wird die Tomatensauce eingefüllt, die gehackte Petersilie unter den Couscous gegeben und die Auberginen damit befüllt und in die Auflaufform gesetzt.

7 Abschließend werden die Auberginen vor dem Servieren für 25 Minuten im Ofen geschmort.

Tipp: Anstelle des Couscous können Sie die Auberginen auch mit Hirse oder Bulgur befüllen. Die Cranberrys können je nach Wunsch auch durch Rosinen ausgetauscht werden.

Desserts

FRÜCHTE GEBACKEN MIT HAFERCRUMBLE

4 Port.

40 Min.

Leicht

Zutaten

Je 1 Apfel, Birne, Aprikose und Pfirsich
2 Zwetschgen
2 TL Butter
¼ TL Vanillearoma
6 EL Haferflocken
2 EL Mandelblättchen
2 EL Mandelmus
2 TL flüssiger Honig
½ TL gemahlener Kardamom

Nährwerte p. P.

342 kcal
43 g Kohlenhydrate
12 g Fett
7 g Eiweiß

1 Als Erstes wird der Backofen auf 180 °C Ober- und Unterhitze (oder alternativ 160 °C Umluft) vorgeheizt. Im Anschluss werden die Früchte gewaschen, entkernt und in Viertel geschnitten. Achten Sie bei der Auswahl der Früchte auf möglichst reife Früchte.

2 Die Viertel der Früchte werden dann in einer Auflaufform verteilt. In diese geben Sie Butterflocken, die Sie auf den Früchten verteilen. Geben Sie das Vanillearoma darüber.

3 Vermischen Sie die Haferflocken mit den Mandelblättchen, dem Honig, dem Mandelmus sowie dem Kardamom. Diese Mischung wird im Anschluss über die Früchte gegeben.

4 Anschließend geben Sie die Auflaufform für eine Dauer von etwa 20 Minuten in den Ofen. Während der Backzeit rühren Sie die Mischung einmal um.

5 Nach Ablauf der Backzeit können Sie den Crumble servieren.

Tipp: Dieses Rezept stärkt die Bildung der Körpersäfte und verbessert den Energiefluss innerhalb der Niere.

ENERGIEBÄLLCHEN (VEGAN)

20 Stk. 20 Min. Leicht

Zutaten

100 g Datteln ohne Kern
70 g Walnüsse
1 EL Sesam
¼ TL Zimt
¼ TL Kardamom
2 EL Crunchy Spirulina (optional)
30 g getrocknete Maulbeeren (oder alternativ Gojibeeren)
Saft und Schale einer halben Orange (nach Belieben auch mehr)
2 EL Kakaopulver

Optional:
1 EL Macapulver
1 bis 2 EL Hanfsamen
1 EL Mandelmus (oder alternativ Sesammus)

Nährwerte p. P.

74 kcal
7 g Kohlenhydrate
4 g Fett
2 g Eiweiß

1 Entkernen Sie die Datteln. Sollten die Datteln trocken sein, können Sie diese mit heißem Wasser übergießen und für eine Dauer von zehn Minuten einweichen. Die Beeren weichen Sie parallel dazu im Saft einer halben Orange ein.

2 Hacken Sie die Walnüsse grob (wahlweise von Hand oder in einem Mixer). Stellen Sie sie zur Seite und zerkleinern Sie in einem Mixer die Datteln. Dann geben Sie den Kardamom, den Zimt, die Orangenschalen, einen Esslöffel Kakao sowie den Sesam und die Hälfte der Walnüsse hinzu.

3 Diese Zutaten zerkleinern Sie so lange, bis eine klebrige Masse entsteht. Nach Bedarf können Sie die Masse für eine bessere Konsistenz mit etwas Orangensaft anreichern. Anschließend geben Sie die Masse in eine Schüssel.

4 Nun nehmen Sie die Maulbeeren und geben Sie zusammen mit dem Saft und einem Esslöffel Kakaopulver (und optional Macapulver, Hanfsamen und Mandelmus) in einen Mixer und zerkleinern diese Zutaten ebenfalls. Diese Masse geben Sie dann zur Dattelmasse und vermischen alles gut miteinander.

5 Sollte die Masse zu feucht geworden sein, können Sie etwas mehr Nüsse hinzugeben. Befeuchten Sie im Anschluss Ihre Hände leicht und formen Sie aus dem Teig kleine Kugeln. Diese wälzen Sie in den restlichen Walnüssen.

Tipp: Maulbeeren werden innerhalb der Traditionellen Chinesischen Medizin zur Vorbeugung von grauen Haaren eingesetzt. Zudem werden sie für die Behandlung von Angstzuständen, Schwindel, Schlafstörungen sowie Bluthochdruck oder bei einem akuten Tinnitus eingesetzt.

CREME AUS SCHOKO UND BANANE

4 Port.

2 Std. 20 Min.

Leicht

Zutaten

Für den Crunch:
30 g Datteln, entsteint (oder alternativ getrocknet)
50 g Mandeln
50 g Bananenchips
1 EL Kokosöl

Für die Zwischenschicht:
1 Banane

Für die Creme:

4 reife Bananen
25 g Kakaopulver
50 g Mandelmus (oder alternativ Erdnussbutter)

Nährwerte p. P.

599 kcal
93 g Kohlenhydrate
23 g Fett
8 g Eiweiß

1 Zunächst werden die Datteln, die Mandeln, die Bananenchips und das Kokosöl zu einer gleichmäßigen Masse verarbeitet. Hierzu können Sie entweder einen Standmixer oder eine Küchenmaschine nutzen. Die auf diese Weise entstehende Masse teilen Sie auf vier Gläser auf.

2 Für die Zwischenschicht schneiden Sie die Banane in dünne Scheiben. Diese verteilen Sie ebenfalls auf die Gläser.

3 Für die Creme geben Sie die Bananen, das Kakaopulver sowie das Mandelmus in einen Mixer und verarbeiten die Zutaten zu einer homogenen Masse. Diese verteilen Sie ebenfalls auf die Gläser. Im Anschluss stellen Sie das Dessert für eine Dauer von ein bis zwei Stunden kalt.

Tipp: Bananen tragen zur Befeuchtung des Darms und der Lungen bei. Sie werden daher innerhalb der TCM für die Behandlung von Verstopfung eingesetzt. Bei Durchfällen, Colitis oder Hämorrhoiden werden vor allem unreife Bananen eingesetzt.

MUFFINS AUS BOHNEN UND SCHOKOLADE

12 Port.

30 Min.

Leicht

Zutaten

200 g Kidneybohnen
1 Prise Salz
1 TL Backpulver
4 EL Kakaopulver
4 EL flüssiges Kokosöl
2 Eier (Größe M)
100 g Dattelzucker
½ TL Zimt

Nährwerte p. P.

160 kcal
17 g Kohlenhydrate
9 g Fett
2 g Eiweiß

1 Pürieren Sie die Kidneybohnen mit etwas Salz zu einer gleichmäßigen Masse. Im Anschluss geben Sie nach und nach die restlichen Zutaten hinzu und schlagen sie zu einem homogenen Teig.

2 Füllen Sie den Teig im Anschluss in eine Muffinform oder Papierformen und backen Sie sie für eine Dauer von etwa 20 bis 25 Minuten bei einer Temperatur von 180 °C Ober- und Unterhitze (oder alternativ 160 °C Umluft).

3 Bevor Sie die Muffins verzehren, sollten diese vollständig auskühlen.

Tipp: Kidneybohnen stärken den Energiefluss der Nieren und werden bei innerer Unruhe eingesetzt. Zudem werden sie bei der Behandlung von Schlafproblemen oder Haarausfall sowie für die Unterstützung der Knochengesundheit und der Zähne eingesetzt.

VANILLEREIS MIT KOKOSMILCH, APFEL UND ROSINEN

4 Port.

35 Min.

Mittel

Zutaten

1 Apfel
3 TL Rohrzucker
2 EL Rosinen
200 ml Kokosmilch
2 EL Kokosflocken
½ Vanilleschote
210 g Süßreis
1 Prise Salz
1 TL Sauerrahm
600 ml Wasser

Nährwerte p. P.

406 kcal
37 g Kohlenhydrate
21 g Fett
4 g Eiweiß

1 Zunächst wird die Vanilleschote längs aufgeschnitten und das Mark herausgeschabt. Dann schälen Sie den Apfel und würfeln ihn klein.

2 Erwärmen Sie die Kokosmilch in einem Topf und geben Sie den Apfel, das Vanillemark, den Zucker und etwa die Hälfte der Kokosflocken hinzu. Dann vermischen Sie alle Zutaten gründlich miteinander. Im Anschluss müssen die Zutaten kurz aufkochen.

3 Nach dem Aufkochen wird der Reis hinzugefügt und mit etwas Salz gewürzt. Danach wird der Sauerrahm untergehoben.

4 Im nächsten Schritt werden 600 ml kochendes Wasser dazugegeben. Hierbei sollten Sie nicht vergessen, ständig umzurühren und die Masse so lange köcheln zu lassen, bis der Reis weich ist.

5 Im letzten Schritt rühren Sie die Rosinen unter und lassen alle Zutaten miteinander durchziehen, bevor Sie servieren. Die übrigen Kokosflocken geben Sie darüber.

Tipp: Rosinen stärken die Leber und die Niere. Sie werden außerdem bei Schwäche und Schmerzen in den Muskeln und Gelenken eingesetzt. Auch bei Herzklopfen und Schwindel sowie bei Mundtrockenheit und Problemen mit dem Wasserlassen werden sie innerhalb der TCM eingesetzt. Sie sollten jedoch in Maßen verzehrt werden, da sie andernfalls innere Unruhe oder Durchfälle auslösen können.

SKYR DESSERT

8 Port. 1 Std. Leicht

Zutaten

600 g Skyr
60 g Grieß
3 Eier (Größe M)
3 EL Honig (oder alternativ Agavendicksaft)
etwas Vanilleextrakt
50 g Blaubeeren

Zum Einfetten:
etwas Kokosöl

Nährwerte p. P.

105 kcal
16 g Kohlenhydrate
2 g Fett
21 g Eiweiß

1 Heizen Sie den Ofen zunächst auf 200 °C Ober- und Unterhitze (oder alternativ 180 °C Umluft) vor. Anschließend werden die Blaubeeren gewaschen und getrocknet.

2 Danach trennen Sie die Eier und schlagen das Eiklar in einer separaten Schüssel steif. Das Eigelb wird mit dem Honig und dem Vanilleextrakt schaumig geschlagen.

3 Im Anschluss geben Sie den Skyr in eine Schüssel und das Eigelb darunter. Danach vermischen Sie alle Zutaten erneut miteinander, bevor Sie den Grieß hinzugeben und den Eischnee unterheben.

4 Fetten Sie dann eine Auflaufform und geben Sie die Masse hinein. Streuen Sie die Blaubeeren darüber und geben Sie den Auflauf für eine Dauer von 40 bis 45 Minuten in den Backofen.

Tipp: Dieses Dessert ist nicht nur als süßer Abschluss beliebt, sondern kann auch zum Frühstück verzehrt werden.

TIRAMISU OHNE ZUCKER UND ALKOHOL

1 Port.

40 Min.

Leicht

Zutaten

Für den Teig:
30 g Kokosmehl (oder eine Alternative)
60 g gemahlene Mandeln
3 Eier (Klasse M)
75 g zerlassene Butter
1,5 TL Backpulver
60 ml Agavendicksaft

Für die Creme:
4 Eigelb
70 ml Agavendicksaft
400 g Mascarpone
2 Eiweiß
120 g Erythrit (fein gemahlen)
150 ml kalter Kaffee

etwas Kakao zum Verzieren

Nährwerte p. P.

265 kcal
2 g Kohlenhydrate
25 g Fet
6 g Eiweiß

1 Für den Teig vermischen Sie das Kokosmehl, die gemahlenen Mandeln, den Agavendicksaft und das Backpulver miteinander. Dann geben Sie die Eier und die zerlassene Butter hinzu und vermischen die Zutaten zu einem Teig.

2 Heizen Sie den Ofen auf 180 °C Ober- und Unterhitze vor und geben Sie den Teig in eine im Vorfeld gefettete Auflaufform (alternativ können Sie die Auflaufform mit Backpapier auslegen).

3 Dann backen Sie den Kuchenboden für etwa 30 Minuten aus und lassen ihn auskühlen. Nach dem Auskühlen lösen Sie in aus der Form heraus und schneiden ihn der Länge nach durch.

4 Im nächsten Schritt bereiten Sie die Creme vor. Hierzu geben Sie das Eigelb zusammen mit dem Erythrit in eine Schüssel und schlagen es cremig. Heben Sie den Mascarpone darunter und schlagen Sie das Eiweiß steif. Dann heben Sie auch dieses unter die Creme.

5 Abschließend beginnen Sie mit dem Schichten. Hierzu legen Sie den Kuchenboden in eine Auflaufform und geben den Kaffee vorsichtig schluckweise darüber, sodass sich das Aroma entfalten kann. Achten Sie darauf, dass Sie auch für die andere Schicht des Bodens Kaffee aufbewahren.

6 Im nächsten Schritt geben Sie die Hälfte der Creme darüber und verteilen diese auf dem Boden. Auf die Creme schichten Sie die zweite Hälfte des Kuchenbodens und beträufeln diese ebenfalls mit Kaffee. Schichten Sie dann die restliche Creme darauf und lassen Sie das Tiramisu für vier bis fünf Stunden im Kühlschrank ziehen.

7 Vor dem Servieren können Sie das Tiramisu mit Kakao bestreuen.

Tipp: Das Gericht lässt sich auch in der Mikrowelle zubereiten. Hierzu fetten Sie beispielsweise eine Silikon-Backform ein und geben den Teig hinein. Dann erwärmen Sie den Teig bei 800 Watt für eine Dauer von vier Minuten. Im Anschluss lösen Sie den Teig vorsichtig aus der Form heraus und stürzen ihn auf einen Teller. Dann geben Sie ihn auch von der anderen Seite für eine Dauer von ein bis zwei Minuten in die Mikrowelle. Alle anderen Schritte des Rezepts verlaufen wie oben angeführt.

KOKOSSCHNITTEN MIT GRIEß

12 Stk.

1 Std.

Mittel

Zutaten

Für die Kokos-Grieß-Füllung:
1 l Milch (oder alternativ pflanzliches Produkt)
200 g Kokosflocken
75 ml Agavendicksaft
100 g feiner Grieß
nach Belieben Vanillearoma

Für den Kakao-Teig:
3 Eier (Klasse M)
200 g Mehl
200 g Milch
100 ml Pflanzenöl
75 ml Agavendicksaft
25 g Backkakao
1 Päckchen Backpulver
nach Belieben Vanillearoma

Nährwerte p. P.

364 kcal
42 g Kohlenhydrate
21 g Fett
7 g Eiweiß

1 Zunächst bereiten Sie die Kokos-Grieß-Füllung vor. Hierzu erwärmen Sie die Milch in einem Topf. Parallel dazu vermischen Sie den Agavendicksaft mit dem Grieß sowie dem Vanillearoma in einer Schüssel.

2 Im Anschluss geben Sie diese Mischung Schritt für Schritt in die heiße Milch. Diese Mischung rühren Sie dann mit einem Schneebesen ein. Als Nächstes kochen Sie diese Masse kurz auf und lassen sie für eine Dauer von etwa einer Minute köcheln.

3 Nun nehmen Sie den Topf von der Herdplatte und rühren die Kokosflocken unter. Dann wird die Masse zur Seite gestellt.

4 Für die Zubereitung des Kakao-Teigs heizen Sie als Nächstes den Backofen auf 200 °C Ober- und Unterhitze (oder alternativ 180 °C Umluft) vor. Dann nehmen Sie eine Form und legen diese mit Backpapier aus. Alternativ können Sie die Form einfetten. Sollte der Backpapierzuschnitt nicht passen, können Sie diesen auch zuschneiden. Den Rand der Form fetten Sie dennoch leicht ein. Das führt beim Backen dazu, dass der Teig gut aufgehen kann.

5 Im Anschluss trennen Sie die drei Eier. Das Eiweiß schlagen Sie zusammen mit 75 ml Agavendicksaft und etwas Vanillearoma auf. Achten Sie hierbei darauf, dass die Masse nicht länger als zwei bis drei Minuten schaumig geschlagen wird.

6 Im nächsten Schritt rühren Sie dann die Eigelbe unter. Dieser Prozess sollte nicht länger als eine halbe Minute dauern. Zudem sollte die Masse danach eine schaumige Konsistenz aufweisen.

7 Danach werden das Pflanzenöl und die Milch untergerührt, bevor Sie im Anschluss das Mehl mit einem Päckchen Backpulver und dem Backkakao vermischen. Diese Mischung geben Sie dann Schritt für Schritt in das aufgeschlagene Ei hinein und vermischen es zu einem homogenen Teig.

8 Jetzt teilen Sie den Teig in zwei Hälften auf. Hierzu nehmen Sie am besten zwei gleich große Behältnisse, die je ein Fassungsvolumen von etwa 500 ml haben.

9 Eine Hälfte des Teiges geben Sie im Anschluss in die Kuchenform. Zum Verteilen kippen Sie diese leicht hin und her. Dann platzieren Sie den Kuchen auf der zweiten Ebene des Backofens. Dieser wird dann für eine Dauer von etwa 10 bis 15 Minuten gebacken. Nach Ablauf der Backzeit sollte der Kuchen fest sein. Sollte er noch nicht fest sein, können Sie die Backzeit etwas verlängern.

10 Nun wird die Kokos-Grießmasse auf den Kuchen aufgetragen. Hierzu verteilen Sie die Grießfüllung auf der vorgebackenen und ausgekühlten Teighälfte. Danach streichen Sie die Masse glatt.

11 Anschließend wird die zweite Teighälfte darauf verteilt. Für 20 bis 25 Minuten wandert der Kuchen dann wieder in den Backofen. Nutzen Sie hier auch wieder die zweite Ebene Ihres Backofens.

12 Hier können Sie mit Hilfe eines Stäbchens durch das Hineinstechen in den Teig feststellen, ob dieser bereits ausreichend durchgebacken ist oder nicht.

13 Nach Ablauf der Backzeit decken Sie den Kuchen mit einem Geschirrtuch ab. Währenddessen kann er vollständig auskühlen. Mit Hilfe dieses Vorgehens wird es Ihnen später leichter fallen, ihn zu schneiden. Zudem bleibt er auf diese Weise länger saftig.

Tipp: Dieses Rezept eignet sich nicht nur als Dessert, sondern kann auch als Snack verwendet werden. Im Kühlschrank können Sie den Kuchen für eine Dauer von etwa zwei bis drei Tagen frischhalten. Zudem können Sie dieses Dessert auch portionsweise einfrieren.

Getränke

PETERSILIENTEE

 1 Liter  30 Min.  Leicht

Zutaten

1 Bund Petersilie
1 l Wasser

Nährwerte p. P.

2 kcal
0 g Kohlenhydrate
0 g Fett
0 g Eiweiß

1 Waschen Sie die Petersilie und kochen Sie diese im Anschluss in einem Liter Wasser für eine Dauer von 20 Minuten auf.

2 Dann können Sie den Tee genießen.

Tipp: Für die Stärkung der Leber sollte dieser Tee über den Tag verteilt getrunken werden. Um die Leber dauerhaft zu regenerieren, kann der Tee über einen Zeitraum von 6 bis 12 Tagen getrunken werden.

INDISCHER GEWÜRZTEE

 1 Liter

 23 Min.

 Leicht

Zutaten

1 l Wasser
2 Teile gemörserte Fenchelsaat
2 Teile gemörserte Kardamomsaat
1 Teil gemörserte Nelken
2 TL loser schwarzer Tee
etwas Mandelmilch
etwas Honig

Nährwerte p. P.

26 kcal
6 g Kohlenhydrate
1 g Fett
1 g Eiweiß

1 Vermischen Sie die Fenchelsaat mit der Kardamomsaat und den Nelken. Geben Sie im Anschluss einen Teelöffel dieser Mischung in einen Topf. Achten Sie darauf, dass der Topf heiß ist.

2 Rösten Sie die Mischung für einige Minuten darin. Dann gießen Sie die Mischung mit einem Liter Wasser auf und lassen den Tee für eine Dauer von zehn Minuten ziehen.

3 Nach Ablauf der Ziehzeit geben Sie zwei Teelöffel schwarzen Tee hinzu und lassen alles für weitere drei Minuten ziehen.

4 Sobald die Ziehzeit vorüber ist, gießen Sie den Tee durch ein Sieb und verfeinern mit etwas Mandelmilch und Honig, bevor Sie servieren.

Tipp: Innerhalb der TCM gelten Nelken als energiefördernd. Vor allem in der kalten Jahreszeit sollen sie den Körper dabei unterstützen, sich aufzuwärmen. Bei der Behandlung werden Nelken vor allem bei kältebedingten Rückenschmerzen oder Problemen mit der Potenz oder der Libido eingesetzt.

YOGITEE

1 Liter | 30 Min. | Leicht

Zutaten

2 Teile gemörserter Zimt
2 Teile gemörserte Kardamomsaat
1 l Wasser
1 Teil gemahlener Ingwer
1 Teil gemahlene Nelken
1 Prise schwarzer Pfeffer
etwas Mandelmilch
etwas Honig

Nährwerte p. P.

25 kcal
6 g Kohlenhydrate
0 g Fett
1 g Eiweiß

1 Vermischen Sie alle Zutaten bis auf das Wasser miteinander. Erhitzen Sie einen Topf und geben Sie zwei Teelöffel der Gewürzmischung zum Rösten für einige Minuten hinein.

2 Gießen Sie die Mischung mit einem Liter Wasser auf und lassen Sie alles für eine Dauer von zehn Minuten kochen.

3 Nach Ablauf der Ziehzeit lassen Sie den Tee für etwa zehn Minuten abkühlen. Dann wird er durch ein Sieb gegossen und mit Mandelmilch und Honig verfeinert.

Tipp: Honig wird innerhalb der Traditionellen Chinesischen Medizin eingesetzt, um den Geist zu beruhigen. Zudem findet er Anwendung bei der Bekämpfung von Schmerzen und Krämpfen sowie bei Anspannung und Stress sowie Schlafstörungen.

GRÜNER TRAUM

200 ml 20 Min. Leicht

Zutaten

1 Handvoll Spinat (oder alternativ Feldsalat)
1 Apfel mit Schale
1 Banane geschält
¼ Avocado geschält, entkernt
Saft von einer Orange
1 Stück Zitrone mit Schale
etwas Ingwer mit Schale
200 ml Wasser

Nährwerte p. P.

350 kcal
56 g Kohlenhydrate
16 g Fett
5 g Eiweiß

1 Waschen Sie die Zutaten und schälen Sie diese. Dann werden sie zerkleinert. Geben Sie die Banane und die Avocado in einen Mixer und fügen Sie nach dem Zerkleinern die restlichen Zutaten hinzu.

2 Mixen Sie die Zutaten für die Dauer von einer Minute. Achten Sie darauf, dass der Smoothie eine cremige Konsistenz erreicht.

Tipp: Zitrone enthält ein hohes Maß an Vitamin C. Sie wirkt in unserem Körper antibakteriell und entzündungshemmend und stärkt somit die Abwehrkräfte des Körpers.

TEE AUS STANGENSELLERIE

1 Liter

30 Min.

Leicht

Zutaten

1 Stangensellerie
1 l Wasser

Nährwerte p. P.

36 kcal
2 g Kohlenhydrate
0 g Fett
0 g Eiweiß

1 Kochen Sie den Sellerie für eine Dauer von 20 Minuten in einem Liter Wasser aus.

2 Gießen Sie das Wasser ab und genießen Sie es als Tee.

Tipp: Der Tee kann nach Bedarf verzehrt werden. Er stärkt die Leber und unterstützt sie bei der Entgiftung. Zudem stärkt er den Energiefluss der Leber.

GRÜNER SMOOTHIE MIT HIMBEEREN

200 ml

20 Min.

Leicht

Zutaten

2 Handvoll Spinat (oder alternativ Feldsalat)
1 Scheibe Ananas ca. 2 cm breit, geschält
1 Handvoll Himbeeren ca. 70 g
1 Banane geschält
200 ml Wasser

Nährwerte p. P.

222 kcal
49 g Kohlenhydrate
2 g Fett
5 g Eiweiß

1 Waschen Sie die Zutaten und schälen Sie diese. Dann werden sie zerkleinert.

2 Im Anschluss geben Sie die Zutaten in einen Mixer und pürieren Sie zu einer homogenen Masse.

Tipp: Himbeeren gelten innerhalb der Traditionellen Chinesischen Medizin als blut-reinigend und entgiftend. Sie kommen daher vor allem bei Blutmangel, Anfälligkeit für Infekte sowie bei Seh- und Stoffwechselschwäche zum Einsatz. Außerdem sind sie ein probates Mittel bei Verdauungsbeschwerden.

TEE ZUR ENTSPANNUNG UND FÜR EINEN BESSEREN SCHLAF

1 Tasse

25 Min.

Leicht

Zutaten

1 Teil Melissenblätter
1 Teil Hopfenzapfen
1 Teil Baldrianwurzel
200 ml Wasser

Nährwerte p. P.

70 kcal
15 g Kohlenhydrate
0 g Fett
2 g Eiweiß

1 Vermischen Sie die oben stehenden Zutaten miteinander und geben Sie diese in eine Tasse. Dann übergießen Sie alles mit kochendem Wasser und lassen die Zutaten für eine Dauer von 10 bis 15 Minuten ziehen.

2 Nach Ablauf der Ziehzeit gießen Sie den Tee durch ein Sieb ab. Nach Belieben können Sie diesen mit Honig süßen.

Tipp: Den Tee trinken Sie am besten gegen Abend oder vor dem Schlafengehen. So finden Sie ausreichend Ruhe und er kann seine Wirkung vollständig entfalten.

ZITRONENTEE MIT INGWER

2 Port.

25 Min.

Leicht

Zutaten

1 Bio-Zitrone
1 Stück Ingwer
1 Stück Kurkuma (oder alternativ 1 Messerspitze Kurkuma)
1 EL Honig (oder alternativ Sirup)
500 ml Wasser

Nährwerte p. P.

71 kcal
17 g Kohlenhydrate
1 g Fett
1 g Eiweiß

1 Waschen Sie die Zitrone heiß ab, trocknen Sie diese und halbieren Sie sie. Die Hälften werden im Anschluss in Spalten geschnitten und ausgepresst. Die ausgepressten Hälften geben Sie zusammen mit dem Saft in einen Topf.

2 Waschen Sie den Ingwer und die Kurkuma und schneiden Sie beides in Scheiben. Die Scheiben werden dann zum Zitronensaft gegeben und mit 500 ml Wasser übergossen.

3 Kochen Sie die Mischung im Anschluss auf und lassen Sie sie dann für eine Dauer von fünf Minuten köcheln. Nach Ablauf der Kochzeit nehmen Sie den Topf vom Herd, decken ihn ab und lassen den Tee für etwa zehn Minuten ziehen.

4 Im letzten Schritt süßen Sie den Tee mit Honig und servieren ihn.

Tipp: Ingwer wird innerhalb der TCM vor allem für die Behandlung der Milz und des Magens eingesetzt. Darüber hinaus hat Ingwer auf die Leber eine positive Wirkung, da er die Immunabwehr stärkt.

Saucen, Cremes und Dips

TOMATENSAUCE

8 Port. | 2 Std. 35 Min. | Leicht

Zutaten

4 Knoblauchzehen
1 Zwiebel
2 EL Olivenöl
800 g Tomaten, gestückelt
2 EL Tomatenmark
1 Bund Petersilie
etwas Oregano, Thymian und Rosmarin
etwas Chilischote
Je 1 Prise Salz und Pfeffer
1 EL Rohrohrzucker
100 ml Rotwein

Nährwerte p. P.

96 kcal
2 g Kohlenhydrate
0 g Fett
0 g Eiweiß

1 Zunächst werden die Zwiebeln und der Knoblauch geschält und im Anschluss gehackt. Dann hacken sie die Kräuter.

2 Erhitzen Sie Olivenöl in einem Topf und geben Sie die Zwiebeln zusammen mit dem Knoblauch hinein. Nach einer kurzen Dauer geben Sie die Tomatenstücke hinzu und ergänzen das Tomatenmark. Kochen Sie alles kurz auf und geben Sie den Rotwein hinzu.

3 Im Anschluss würzen Sie mit den Kräutern, etwas zerkleinerter Chilischote, Salz und Pfeffer sowie Zucker.

4 Nachdem alle Zutaten ergänzt wurden, darf die Tomatensauce für eine Dauer von etwa zwei Stunden köcheln, bevor sie serviert wird. Achten Sie darauf, gelegentlich umzurühren.

Tipp: Diese Sauce passt hervorragend zu Reis, Nudeln und Kartoffelgerichten.

HELLE SAUCE AUS KRÄUTERN

4 Port.

30 Min.

Leicht

Zutaten

1 Bund Schnittlauch
1 Bund Petersilie
1 EL Öl
20 g Mehl
200 ml Milch
200 ml Gemüsebrühe
Je 1 Prise Salz, Pfeffer und Muskat

Nährwerte p. P.

67 kcal
6 g Kohlenhydrat
5 g Fett
2 g Eiweiß

1 Geben Sie das Öl in einen Topf und erhitzen Sie es auf mittlerer Stufe zusammen mit dem Mehl unter ständigem Rühren. Gießen Sie die Masse im Anschluss mit Milch und Gemüsebrühe an.

2 Vermischen Sie alle Zutaten gut miteinander und lassen Sie diese für eine Dauer von 15 Minuten köcheln. Während die Sauce köchelt, zerkleinern Sie den Schnittlauch und die Petersilie und geben diese unter die Sauce.

3 Abschließend schmecken Sie die Sauce mit den Gewürzen ab und lassen sie erneut für fünf Minuten ziehen. Dann servieren Sie.

Tipp: Achten Sie darauf, dass das Mehl beim Unterrühren hell bleibt. Je mehr Kräuter Sie verwenden, desto würziger wird Ihre Sauce. Sie passt zu Spargel, Gemüse und Kartoffeln.

WÜRZIGES RELISH AUS GURKEN

10 Port. 50 Min. Leicht

Zutaten

200 g Gewürzgurken
½ Zwiebel
½ rote Paprika
3 EL Zucker
2 EL Apfelessig
200 ml Wasser
½ TL mittelscharfer Senf
1 Prise Salz
nach Belieben Selleriesalz (oder alternativ gekörnte Brühe)

Nährwerte p. P.

30 kcal
6 g Kohlenhydrate
0 g Fett
0 g Eiweiß

1 Zunächst werden die Gewürzgurken längs zerteilt und fein gewürfelt. Würfeln Sie die Paprika und die Zwiebel ebenfalls.

2 Im Anschluss wird das Gemüse in einen Topf mit Wasser gegeben und um den Zucker sowie den Apfelessig ergänzt. Lassen Sie diese Mischung für eine Dauer von 30 Minuten aufkochen. Regulieren Sie die Hitze herunter und lassen Sie alles noch etwas köcheln.

3 Ist das Gemüse weich, werden Senf, Selleriesalz sowie Salz hinzugegeben. Anschließend können Sie das Relish in Schraubgläser füllen.

Tipp: Luftdicht verschlossen hält sich das Relish im Kühlschrank für eine Dauer von etwa zwei Wochen.

GUACAMOLE

2 Port. 21 Min. Leicht

Zutaten

2 Avocado
½ Zitrone
3 EL Sauerrahm (oder alternativ Frischkäse)
½ TL Salz
2 Messerspitzen Pfeffer
1 Schuss Tabasco
1 Prise Muskat

Nährwerte p. P.

582 kcal
4 g Kohlenhydrate
61 g Fett
5 g Eiweiß

1 Halbieren Sie die Avocados in der Länge und entfernen Sie den Kern. Ziehen Sie die Schale ab und zerkleinern Sie das Fruchtfleisch.

2 Zerdrücken Sie das Fleisch der Avocado und geben Sie etwas Zitronensaft hinzu. Vermischen Sie dann alle Zutaten gründlich miteinander.

3 Im nächsten Schritt rühren Sie den Sauerrahm unter die Avocadocreme und geben den Pfeffer, das Salz sowie Muskat und Tabasco hinzu. Dann kann serviert werden.

Tipp: Verwenden Sie für die Zubereitung bereits weiche Avocados. Diese lassen sich leichter verarbeiten.

HUMMUS

5 Port.

10 Min.

Leicht

Zutaten

1 Dose Kichererbsen (Abtropfgewicht 265 g)
100 ml kaltes Wasser
1 bis 2 Knoblauchzehen (nach Belieben)
Saft von 1 Zitrone
½ TL Salz
½ TL Kreuzkümmel, gemahlen
120 g cremiges Tahini
1 bis 2 EL Olivenöl

Zum Servieren:
etwas Olivenöl
etwas Sesam
einige Kichererbsen
etwas Petersilie (oder alternativ Koriander)

Nährwerte p. P.

225 kcal
9 g Kohlenhydrate
15 g Fett
10 g Eiweiß

1 Als Erstes werden die Kichererbsen durch ein Sieb abgegossen. Etwa 50 ml des Sudes werden aufgefangen und einige Kichererbsen zum Servieren beiseitegestellt.

2 In einem Mixer vermischen Sie dann den Saft der Zitrone, die geschälten Knoblauchzehen sowie das Salz zu einer glatten Masse. Anschließend geben Sie das Tahini hinzu.

3 Im nächsten Schritt lassen Sie das Wasser und den Kichererbsen-Sud langsam hineinfließen und mixen alles so lange, bis eine homogene Masse entsteht. Im Anschluss geben Sie das Olivenöl und den Kreuzkümmel hinzu und vermischen die Zutaten erneut.

4 Sollte der Humus zu dick sein, können Sie die Konsistenz mit etwas Wasser regulieren.

5 Bevor Sie servieren, geben Sie die Masse in eine Schale und richten den Humus mit etwas Öl, den Kichererbsen, dem Sesam und den Kräutern an.

Tipp: Kreuzkümmel gilt innerhalb der Traditionellen Chinesischen Medizin als Heil-pflanze. Er wird vor allem für die Behandlung von Verdauungsbeschwerden eingesetzt. So hilft das Kauen von Kümmelsamen beispielsweise bei Blähungen, Völlegefühl sowie Krämpfen. Zudem wird Kreuzkümmel schwer verdaulichen Speisen hinzugefügt, um diese bekömmlicher zu machen.

KRÄUTER-DIP MIT SCHNITTLAUCH

4 Port.

10 Min.

Leicht

Zutaten

200 g Magerquark
200 g Joghurt
1 Knoblauchzehe
1 EL Schnittlauch
1 EL Kresse
1 Prise Salz

Nährwerte p. P.

92 kcal
4 g Kohlenhydrate
4 g Fett
8 g Eiweiß

1 Schälen Sie den Knoblauch und hacken Sie diesen fein. Im Anschluss reiben Sie ihn zusammen mit etwas Salz fein.

2 Im nächsten Schritt werden der Quark, der Joghurt sowie die Kräuter miteinander vermischt. Dann wird der Knoblauch ergänzt und mit Salz abgeschmeckt.

Tipp: Quark gilt innerhalb der Traditionellen Chinesischen Medizin als kühlend. Er wird zur Behandlung äußerer Entzündungen, von Akne, Heiserkeit, Halsschmerzen sowie bei Gelenkentzündungen eingesetzt. Auch bei Fieber, Kopfschmerzen sowie Insektenstichen ist er das Mittel der Wahl.

GRÜNE SAUCE MIT ALLERLEI KRÄUTERN

 2 Port.
 10 Min.
 Leicht

Zutaten

Je 1 Bund Petersilie, Schnittlauch, Kresse, Sauerampfer, Borretsch, Kerbel und Pmipi-nelle
500 g saure Sahne (oder alternativ Schmand)
2 Eier (Größe M)
1 EL Essig
1 EL Öl
Je 1 Prise Salz und Pfeffer

Nährwerte p. P.

326 kcal
1 g Kohlenhydrate
15 g Fett
1 g Eiweiß

1 Als Erstes werden die Eier hartgekocht. Während Sie die Eier kochen, können Sie die Kräuter waschen und grob zerkleinern.

2 Anschließend wird die saure Sahne mit den Kräutern in einen Mixer gegeben oder alternativ mit einem Pürierstab zerkleinert. Achten Sie darauf, dass eine homogene Masse entsteht.

3 Im nächsten Schritt können Sie die Eier abschrecken, schälen und in Würfel schneiden. Danach wird der Essig zusammen mit dem Öl dazugegeben und alle Zutaten erneut gut miteinander vermischt. Abschließend können Sie mit Salz und Pfeffer abschmecken.

Tipp: Zur Sauce können Sie Kartoffeln sowie hartgekochte Eier servieren. Dem Ei wird innerhalb der TCM eine befeuchtende Wirkung zugeschrieben. Es spendet Kraft und ist daher ein beliebtes Mittel bei der Behandlung von Trockenheit in der Lunge, den Augen, der Haut oder dem Hals. Auch bei Erschöpfungszuständen wird es eingesetzt. Es sollte jedoch nicht in übermäßiger Form konsumiert werden, da dies den Energiefluss blockieren kann.

DIP MIT FETA UND QUARK

8 Port.

10 Min.

Leicht

Zutaten

180 g Feta
100 g Quark
50 g getrocknete Tomaten (aus dem Glas)
1 TL Öl der Tomaten
1 TL Honig
8 Blätter Basilikum
1 Knoblauchzehe
1 Frühlingszwiebel
1 Prise Pfeffer

Nährwerte p. P.

80 kcal
2 g Kohlenhydrate
5 g Fett
6 g Eiweiß

1 Geben Sie alle Zutaten in einen Mixer und verarbeiten Sie diese zu einer homogenen Masse.

Tipp: Im Kontext der TCM gilt Feta als aktivierend. Er wirkt sich auf die Funktionskreise der Lunge, der Milz, des Magens, des Herzens, der Niere und der Leber aus. Eingesetzt wird er beispielsweise bei Schlafstörungen, Gewichtsverlust, Infektanfälligkeit, Erkrankungen der Atemwege sowie bei vielen weiteren Beschwerden.